経済学叢書 Introductory

経済学って何だろう

現実の社会問題から学ぶ経済学入門

戸堂康之

新世社

はじめに

　本書は，経済学をほとんど学んだことのない皆さんを対象にした経済学の超入門書です。経済学専攻の大学1・2年生だけではなく，それ以外の学部の大学生，さらには経済学のとっかかりを知りたいと考えている社会人，高校生など，経済学に興味がある全ての人が対象です。

　そのような皆さんに，経済学とはどんな学問か，何を目指しているのか，経済学を使うとどんなことがわかるのかを，現実の経済・社会問題を事例にしながら，できるだけやさしく解説していきます。

　筆者は今でこそ経済学者をしていますが，大学には理系で入学して，途中で文系の地域研究専攻に転部しており，経済学を基礎から学んでいませんでした。ですから，はじめて経済学を学んだときには，経済学特有の考え方を理解するのに相当苦労したのを覚えています。本書は，自分自身がどういうところでつまづいたのかを思い出しながら，その時の自分でもわかるように書いたつもりです。

　さて，そもそも，経済学とはどんな学問で，何を目指しているのでしょうか。

　よくある誤解の1つが，経済学はお金儲けの手段を研究する学問だということです。確かに，企業の株価がどのようにして決まっているかを分析するのも経済学の1つの分野です。また，企業の経営にも経済学の考え方は応用されています。その意味では，経済学を応用すればお金儲けの役に立つかもしれません。

　しかし，株価の分析や企業経営への応用は経済学のホンの一部に過ぎず，経済学の分析の対象はもっと大きなものです。一言で言えば，経済学は「人間行動学」と言い換えてもよく，様々な状況において，人間や人間が動かす組織がどのように行動するかを分析するツールです。

　むろん，その名のとおり，経済学は経済活動での人間の行動の分析を得意としています。例えば，人々が何をどれだけ消費するかは

どうやって決まっているのか。企業はどのくらいの賃金を支払って，人をどれだけ雇って，何をどれだけ生産するかをどうやって決めているのか。

　これらを分析することで，様々な経済問題，例えば日本の経済成長や国内の所得格差，先進国と貧困国の貧富の差の問題，経済のグローバル化の功罪などを分析し，それらにどのように対処すべきかについて考えることができます。

　しかし，最近の経済学の対象は必ずしも経済活動だけではありません。例えば，経済学を中心に発展したゲーム理論は，複数の人や組織がお互いの行動を考えながら自分の行動をどのように決めていくかを分析するものです。これは，例えば国家の軍事行動や男女の出会いといった，経済とは直接関係ない問題を考えるのにも応用されています。

　さらに，行動経済学は心理学の考え方を取り入れて，最近急速に発展している経済学の1分野です。伝統的な経済学では，人が損得だけを考えて，合理的に行動するということを想定します。しかし，行動経済学では人間は必ずしも合理的ではないと考えます。これを応用すれば，政府が災害時に避難を促すときに，どのような文言を使えばより効果的なのかがわかります。

　もう1つのよくある誤解は，経済学は弱肉強食の世界である自由な市場経済を信奉する学問で，経済的弱者に対する配慮がないというものです。

　確かに，アダム・スミス以来，経済学の最も重要な結論の1つは，自由な市場での競争の中で神の「見えざる手」が働き，人々は最も幸せとなり，社会的に最も望ましい状態が達成されるということです。

　しかし，これはあくまでも一定の条件が満たされた場合の理論的結論で，そのような条件が満たされない「市場の失敗」と言われるケースも，様々に存在しています。そのときには市場経済には改善の余地があり，政府の政策によって人々をもっと幸せにできることも，経済学は明らかにしています。

　例えば，工場からの環境汚染物質の排出によって周囲の環境が悪化し，住民の健康が損なわれる場合を考えてみましょう。市場経済では，企業は汚染物質の排出を考慮せずに工場で生産活動を行いま

すので，周囲の環境や住民の健康を過度に害してしまって，社会的に最も望ましい状態は達成できません。このような場合には，自由な市場に任せるのではなく，政府が汚染物質の排出を規制したり，企業に税を課したりすることで生産活動を抑制することが必要だというのが経済学の考え方です。

　このように，むしろどのような場合にどのような理由から市場の失敗が生じて，どのような政策が必要であるかを明らかにすることこそが，現代の経済学の根幹をなしているとも言えます。経済学＝市場原理主義では決してないのです。

　本書は，このような誤解を解きつつ，経済学とはどんな学問であるかを初学者向けに解説しています。本書の特徴は，多くの章で，日本や世界各国で現在起きている経済・社会問題について触れながら，それを経済学の視点から説明し，その事例を通じて経済学の考え方を学ぶことができるようになっている点です。また，それらの章の後半では，前半で利用した経済学のツールについてより詳細に解説を加え，経済学の知識を深めることができるようになっています。ただし，全 12 章の中で，第 0 章は経済学の基本的な考え方，第 2 章はマクロ経済学のツール，第 4 章はミクロ経済学のツールを解説したもので，現実の事例が中心とはなっていません。

　ですから，もし章の後半の「経済学のツール」の節や第 0・2・4 章が難しいと感じたならば，最初はそれを飛ばして読んでいただいても，事例に基づいてある程度の経済学が理解できるはずです。その上で，飛ばしたところに戻って読んでいただければ，より理解が深まるでしょう。

　本書を読むことで，読者の皆さんが経済学の基本的な考え方・知識を理解し，自分自身で様々な経済・社会問題について考える一助になることを祈っています。さらに，各章の最後には，その章に関連した初級・中級の教科書や経済学を基にした一般向けの興味深い本を紹介しています。本書によって経済学に興味を持った読者は，ぜひそれらの本でさらに様々な分野の経済学を学んでいただければ，入門書の著者としてこれ以上の喜びはありません。

目 次

0 経済学って何だろう？

経済学の基本的な考え方

経済学は，人々やその組織がどのように行動し，その結果として社会にどのような状況が生まれるかを分析する学問です。その上で，その状況が社会的に望ましいかを判断して，望ましくない場合にはどのような政策的な介入などの対処が必要かを示すのが，経済学の最大の目的です。

このような考察をする上で，経済学では，人々や企業などの組織が一定の嗜好（性向）を持ち，ある選択をするにあたって合理的に意思決定を行うと考えます。人々であれば，効用とよばれる自分の幸福度・満足度を最大化するように，何をどのくらい消費するか，どのくらい働くかなどの選択を行います。企業であれば，利益を最大化するために，どのくらい人を雇ってどのくらい設備投資をするかなどの選択を行います。

人々や企業の意思決定の結果，経済における様々な市場には需要と供給が一致した状況が生まれます。これを均衡といいます。例えば，モノやサービスを取引する財市場の均衡では，消費量や生産量，価格が決定されます。労働力を取引する労働市場では，労働力量（労働者数）と賃金が決定されます。さらに，これらの様々な市場をひっくるめて，経済全体の均衡も生まれます。

経済学は，合理的な人々や企業が自由で競争のある市場で意思決定すれば，一定の条件の下では経済全体の均衡は人々や社会にとって最適な状態であることを，理論的に明らかにしています。「社会的に最適」とは，誰かの効用（幸福度）を下げることなく，他の人の効用を上げることはできないという状態です（詳しくは**第4章**の**第4.4節**（72ページ）で説明します）。これを，社会的厚生が最大化されている，効率的であるとも表現します。この理論的結論が，

経済学が基本的には市場経済をよしとする理由です。

　しかし，本書が全体にわたって強調するように，そのような条件が満たされずに，市場に任せては最適な状態が達成できないことは，現実にはしばしば起こります。このような市場の失敗とよばれる場合には，政策による介入が必要なのです。

　例えば，次章では，日本経済の停滞の原因の1つに情報通信技術（ICT）に対する投資の不足や技術力の伸び悩みがあると考えますが，これは全て人々や企業の意思決定の結果です。企業がICTや技術開発にどれだけ投資をするかは，投資による便益と費用を比較した上で決められています。ですから，それらが十分でないのは，その便益が少なくて費用が大きいことが原因だということになります。また，**第1章の第1.3節** (16ページ) で詳しく述べるように，そのような状態は市場の失敗によって生み出されている可能性が高いのです。

　このときに，何らかのインセンティブを与えることで，その意思決定を変え，社会をよりよい状態に改善することができます。インセンティブとは動機や刺激といった意味です。技術開発に対する投資が少ないのが問題であれば，これらの投資に対する税金の控除などを行えば，投資は進むはずです。また，少子高齢化が問題であるならば，子供を持つ親に対して給付金を与えたり，安価な保育園を提供したりして子供を持つ費用を減らせば，人々はより多くの子供を生むことになるでしょう。つまり，政府は政策を行うことで，人々や企業にインセンティブを与え，社会的により望ましい意思決定を行うように促すことができます。

　ただし，人間は完全に合理的ではなく，場合によっては非合理的に見える選択を行うこともわかってきています。最近の経済学では，そのような非合理性を考えに入れた上で人々の意思決定を分析するようにもなってきています。

　本書は，合理的な意思決定や市場の力を評価しつつも，市場の失敗や人間の非合理性にも注目して，現実の経済・社会問題に対する経済学の考え方や処方箋を提示していきます。

ミクロ経済学とマクロ経済学

　さて，経済学を最初に学ぶときに戸惑うのは，経済学にいくつか

の分類があって，それぞれがどういう経済学なのかがわかりにくいことです。ここで，そのいくつかの分類の仕方にふれて，整理をしておきます。

まず，経済学は大きくミクロ経済学とマクロ経済学にわかれます。

ミクロ経済学とは，それぞれの消費者やそれぞれの企業がどのように意思決定をし，その結果，様々な市場でどのような均衡が生まれるかを分析します。市場には，モノやサービスなどを取引する財市場，労働力を取引する労働市場，資金を取引する金融市場などが含まれます。それによって，それぞれの市場でどのようなインセンティブの変化によって均衡が変わっていくかを考えることができます。本書では，**第 3 章**で労働市場，**第 4 章**で財市場と経済全体のミクロ経済学的な分析を紹介します。

マクロ経済とは経済全体のことを指します。ですから，マクロ経済学は，それぞれの消費者や企業というよりも，1 つの国全体の生産や所得の総額がどのような要因で決定され，それをどのような政策で向上させられるのかを分析するものです。本書では**第 1-2 章**，**第 5-6 章**がマクロ経済学に関する章です。

ただし，現在ではミクロ経済学とマクロ経済学の違いは，はっきりしたものではありません。なぜなら，現代のマクロ経済学はミクロ経済学的な基礎を重視しており，ほとんどの場合にはそれぞれの消費者や企業がどのように意思決定するかを考えて，それを足し合わせたものとして国全体の経済を分析します。逆に，ミクロ経済学でも，市場の均衡を考える上で，様々な市場をひっくるめて経済全体の市場の均衡を考えることも多く，その場合にはマクロ経済学と大きな違いはありません。このようなミクロ経済学とマクロ経済学のオーバーラップが**図 0-1** に示されています。

しかし，学部レベルの経済学では，説明を簡単にするためにミクロ経済学とマクロ経済学の同じところと違うところがあいまいなまま，あたかも全く違う分野のように教科書や科目がわかれており，それが学習者の混乱を招いているように思います。次に述べる長期の経済学と短期の経済学の違いにくらべると，ミクロ経済学とマクロ経済学の違いにはそれほど神経質になる必要はありません。

図 0-1　経済学の概観

長期の経済学と短期の経済学

　経済学を学んでいると，長期と短期という話がよく出てきます。理論的には，短期とは，財の価格や賃金がある経済的な変動に対してすぐに反応できずに，硬直的になっている時期を指します。それに対して，長期の経済学では財の価格や賃金が十分に伸縮的で，様々な経済変動にすぐに対応できることが想定されています。実際には，価格も賃金もある程度は硬直的だと考えられますので，伸縮的な価格や賃金の想定下での均衡は長期的に達成されるものだと考えられるのです。

　特に，マクロ経済学において短期と長期では大きな違いがあります。長期のマクロ経済学は経済成長論ともよばれて，それぞれの国の生産や所得の総額，つまり GDP（国内総生産）がどのような原因で長期的に成長していくかを考察するものです。本書では**第 1-2 章**で紹介しています。

　それに対して，短期のマクロ経済学は景気変動論というべきもので，それぞれの国で短期的に景気がよくなったり悪くなったりして，長期的なトレンドをはずれて GDP が変動する原因とその対処法を分析するものです。これは**第 5-6 章**で解説しています。

　ミクロ経済学では，基本的には価格や賃金は伸縮的だと想定されていて，長期の経済学が中心であるといえます。ただし，**第 3 章**の**第 3.3.3 節**（59 ページ）で解説する労働市場における失業などのミ

クロ経済学分析では，賃金の硬直性が想定されることもあります。

このような長期と短期の経済学の違いについても，**図 0-1** にまとめています。

理論経済学と実証経済学

理論経済学とは，様々な経済現象を理論的に解明しようとするものです。現代の理論経済学では，数式を使って人々や企業の嗜好や行動原理を単純化して表した理論モデルを構築し，それを数学的に解くことによって，どのような均衡が得られるか，政策によってより良い均衡が達成できるのかなどを分析します。ただし，本書を含めて学部レベルの教科書や一般向けの解説書では，理論モデルの詳細を紹介せずに，理論的な想定や結論を単純化して言葉や図によって説明しています。

さらに，経済学では，理論的な結論が実際に成り立っているかを重視します。現実とはかけ離れた結論には何の意味もありません。ですから，その結論を実際のデータを使って検証する実証経済学（もしくは計量経済学）が経済学のもう 1 つの柱となっています。

経済学では，ある特定の国や地域，企業などを対象にした事例を使った定性的な実証分析よりも，世界中の国や多くの人々や企業のデータを使ってそこから一定の法則を導き出す定量的な実証分析を重視します。これは，ある 1 つの事例は特殊な事例であって，他の事例には当てはまらないかもしれないと考えるからです。

これらの実証研究の結果は本書を通して紹介していますが，その方法については特に**第 11 章**で解説しています。

様々な経済学の分野

経済学には，ミクロ経済学・マクロ経済学以外にも，対象ごとに様々な分野にわけられます。本書で取り上げたのは，

- 労働市場を対象として雇用問題などを分析する労働経済学
- 国際的な貿易や投資，通貨の取引を対象にする国際経済学
- 開発途上国に特有の問題に焦点をあてる開発経済学
- 人々の非合理性に焦点をあててその意思決定を分析する行動経済学

●政治問題を経済学的に分析する政治経済学

です。本書では扱えなかった経済学の分野としては，

●金融市場を特に対象とする金融論

●企業の行動に焦点をあてる産業組織論

●環境問題を経済学的に分析する環境経済学

●医療制度の経済学的な分析や医療の効果の定量分析を行う医療経済学

●経済活動の地理的な分布を分析対象とする空間経済学・経済地理学

など，様々なものがあります。これらの分野それぞれの中に，ミクロ経済学的な分析とマクロ経済学的な分析，長期の分析と短期の分析，理論分析と実証分析が混じっています。

　例えば，開発経済学でも，開発途上国の経済成長に焦点をあてた長期のマクロ経済学的な理論分析をして，その予測を国単位のマクロデータを使って実証することもあります。一方では，貧しい農民や零細企業に焦点をあてたミクロ経済学的な理論分析をして，それを農民1人1人に調査をして集めたミクロデータを使って実証することもあるのです。

《本章で学んだ経済学のツール》

効用最大化：人々は自分の効用（幸福度・満足度）を最大化するために，様々な選択をする。

利益最大化：企業は自社の利益を最大化するために，様々な選択をする。

均衡：人々や企業の行動の結果，各市場や経済全体が到達する状態。

社会的に最適：一定の条件下では，自由で競争的な市場で人々が効用を最大化し，企業が利益を最大化することで，社会的に最適な均衡が達成できる。社会的厚生が最大化されている，効率的であるとも表現する。

市場の失敗：外部性などのために上記の条件が満たされず，市場均衡が必ずしも最適ではない状況。

政策介入：市場が失敗しているときには，政策の介入によって，人々や企業のインセンティブ（動機）を変化させて，よりよい均衡に導くことが可能となる。

1 なぜ日本経済は
長期間停滞しているのか？
－マクロ経済学（経済成長論）－

　第1章では，まず前半で日本経済が長期間にわたって停滞している現状を紹介し，その原因と処方箋を概観します。後半では，その原因をさらに詳しく分析するために，生産量を決定する生産関数の重要な性質など，経済学のツールについて解説していきます。

1.1　日本経済停滞の現状

● GDP 総額の停滞
　日本経済は，1991年のバブル経済崩壊以来，30年以上にわたって停滞しており，その停滞ぶりは「失われた30年」と表現されています。まずは，データによってそのことを確認してみましょう。
　1国の経済規模は，通常その国の企業や個人が生産したモノやサービスの総額である GDP（国内総生産）で表されます。GDP の定

図1-1　日米中独の GDP の推移

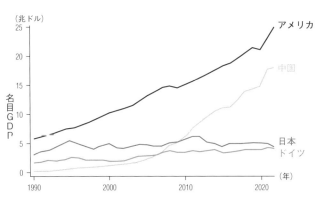

出所：世界銀行，World Development Indicators

義については，**第2章の第2.1節**（29ページ）で詳しく解説します。

図1-1は日本，アメリカ，中国，ドイツのGDPの推移を示したものです。これを見ると，1990年には日本はアメリカに次ぐ世界第2位の経済規模だったものが，その後伸び悩み，2009年には中国に追い抜かれて世界第3位となり，もうすぐドイツに追い抜かれて第4位に転落すると予想されています。

● **所得レベルの停滞**

アメリカや中国は日本よりも人口が多いので，GDP，つまり1国全体の生産総額でくらべるのはフェアではないと思うかもしれません。確かに，国民1人1人の生活レベルや所得レベルを比較するには1国全体の生産総額ではなく，それを人口で割った**1人あたりGDP**で表されるのが普通です。GDPは生産総額ですが，生産された価値は結局は労働者や株主など誰かの所得になりますから，1人あたりGDPを1人あたり平均所得と考えてもそれほど間違いではありません。

1人あたりGDPの推移を示したものが**図1-2**です。この図では，年ごとの価格や為替レートの変動を考慮した上で，国ごと年ごとの比較をしやすいように修正を加えた1人あたりGDPの推移を示しています。その詳しい測り方については**第2章**で詳しく述べます。

図1-2を見ても，日本経済の停滞ぶりは明らかで，この30年間で1人あたりの所得水準はそれほど変化していないことがわかります。

図1-2　1人あたり実質GDPの推移

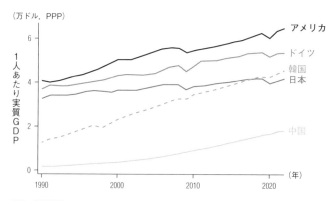

出所：世界銀行，World Development Indicators

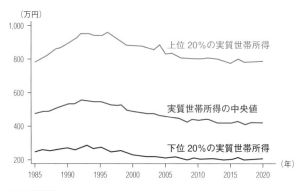

図1-3　日本の実質世帯所得の中央値と上位・下位20%値

（万円）

上位20%の実質世帯所得

実質世帯所得の中央値

下位20%の実質世帯所得

（年）

出所：総務省，e-Stat
注：名目世帯所得を消費者物価指数で実質化している。

1990年時点ですでにアメリカやドイツにくらべても低い水準だったものが，その差がどんどん大きくなってしまっています。2018年には韓国にも追い抜かされており，その差が広がっています。

　また，**図1-3**は，総務省の家計調査による1世帯あたりの実質所得を利用して，全世帯を所得の高い順に並べたときに，上から20%にあたる世帯の所得，ちょうど真ん中の世帯所得（中央値），下から20%の世帯の所得の推移を表しています。これを見ると，富裕層，中間層，貧困層のいずれにおいても，世帯収入は1990年代前半をピークに下がっていっています。以前にくらべて大家族が少なくなり，1世帯あたりの人数も平均的には減っていますから，世帯所得が減少しているからといって，必ずしも1人あたり所得が減少しているわけではありません。しかし，全ての所得階層で同じように世帯所得が減っていることは注目に値します。

　いずれにせよ，**図1-1〜図1-3**を見れば，1991年のバブル経済崩壊以降，30年以上にわたって日本の経済規模や所得レベルが停滞していることははっきりしています。

1.2　日本経済停滞の原因

　なぜ日本は諸外国にくらべて経済規模や所得水準が伸びず，停滞してしまっているのでしょうか。その原因を考えるために，そもそ

も GDP の額，つまり生産総額がどうやって決まっているのかを考えてみましょう。

　簡単に言えば，財を生産するためには，労働力と機械やコンピュータなどの生産設備（これを資本財とよびます），それに技術が必要です。ですから，1 国の生産総額，つまり GDP は，その国の労働者の数，資本財の量（機械やコンピュータなどの総量），そして技術レベルで決まっています。このことについては，本章の後半の**第 1.4.1 節**で詳しく述べます。なお，それ以外にも教育による労働者の質も生産に関わってきますが，その点については**第 8 章の第 8.2 節**（153 ページ）でふれることとします。

● 経済規模の停滞の原因

　そうなると，**図 1-1** のように日本の GDP が停滞しているのは，労働力，資本財，技術の 3 つのどれか，もしくは全てが停滞しているためだと考えられます。

　1 つの大きな原因と考えられるのは，少子高齢化です。1990 年の日本では，20-64 歳の人口（生産活動に従事する労働者の中核をなすという意味で「生産年齢人口」とよびます）は 6,170 万人，総人口に占める 65 歳以上の高齢者の割合は 12％でした。しかし，2021 年には生産年齢人口は 5,390 万人と 800 万人近く減少し，高齢者比率は 30％に急上昇しています（**図 1-4**）。生産年齢人口が減少して働かない高齢者が増えれば，労働者の数は減ってしまい，それにともなって自然と GDP も減少していきます。

　もう 1 つの原因は投資不足です。生産に必要な資本財は，新しく機械やコンピュータなどの生産設備を購入することによって増えていきます。経済学では，このような生産設備の購入を投資とよびます。一般的には，投資とは，株式や不動産などを購入することで利益を得ようとする行為を指すことが多いのですが，ここでの投資とはやや意味が異なります。

　図 1-5 は，先進国の集まりである OECD（経済協力開発機構）の加盟国について投資率（投資額の対 GDP 比）と 1 人あたり GDP の関係を示したものです。この図では，1 つの点が 1 つの国を表しています。このような多くの国や人について，2 つの変数の関係を点で表したものを散布図とよび，2 変数の関係を概観するのによく使われます。この図からは，投資率が高いほど 1 人あたり

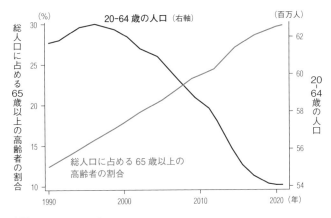

図1-4 日本の生産年齢人口と総人口に占める高齢者の割合

出所：World Population Prospects

図1-5 OECD諸国の投資率と1人あたりGDPの関係

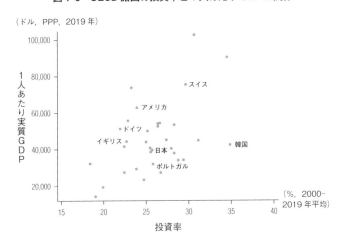

出所：Penn World Tables 10.01

GDPが大きいという傾向があることがわかります。

　ただし，日本の投資率はOECD諸国では中ほどで，日本よりも投資率が低いのに所得レベルが高い国も，逆に日本よりも投資率が高いのに日本よりも所得レベルが低い国も多くあります。ですから，より問題になるのは投資の中身でしょう。生産活動がデジタル化している最近は，コンピュータなどのICT（情報通信技術）機器や，情報処理システムやソフトウェアなどのICTサービスに対する投

図1-6　主要国のICT投資額（対GDP比）

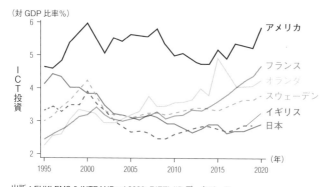

出所：EUKLEMS & INTRANProd 2023; RIETI JIP データベース
注：ICT 投資は，情報機器，通信機器，ソフトウェア・データベースに対する投資として定義。

資（ICT 投資）が生産を増加させるために重要になってきています。

ところが，**図1-6** に示されるように，日本では 1990 年代には ICT 投資の対 GDP 比率が他国よりもむしろ多かったものの，その後減少してアメリカやフランス，オランダのような他の先進国にくらべると，かなり少なくなってしまっています。特に，中小企業や古くからある企業で ICT 投資が進んでいないことが報告されています[1]。

図1-7 は，欧米と日本 21 か国について，ICT 投資率と 1 人あたり GDP の関係を見たものです。この図からは，確かに ICT 投資が多いほど 1 人あたり GDP が大きいという傾向が見てとれます。ですから，ICT 投資が不十分でないことが，日本の GDP の低迷の 1 つの要因だと考えられます。

より重要なのは，日本では技術レベルが低迷していることです。技術レベルを計測するのは簡単ではないのですが，例えば国内の特許出願件数はどれだけ発明が行われたかを示しているので，技術進歩の 1 つの指標であると考えられます。

図1-8 は，日米中について特許出願件数を表しています。日本の特許出願件数は 2000 年には米中よりも多かったのですが，それから継続して減少して，米中に抜かれてしまっています。

また，各国の総合的な技術レベルを全要素生産性（total factor

1　深尾京司（2015），「生産性・産業構造と日本の成長」，RIETI Policy Discussion Paper, No.15-P-023.

図1-7 日米欧諸国のICT投資率と1人あたりGDP

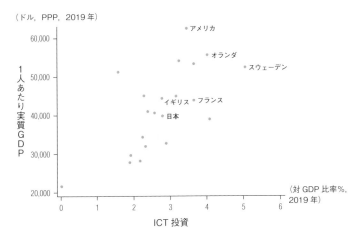

（ドル，PPP，2019年）

1人あたり実質GDP

アメリカ
オランダ
スウェーデン
イギリス　フランス
日本

60,000

50,000

40,000

30,000

20,000

（対GDP比率%，
2019年）

ICT投資

0　　1　　2　　3　　4　　5　　6

出所：EUKLEMS & INTRANProd 2023；RIETI JIPデータベース，Penn World Tables 10.01
注：EUKLEMSデータでICT投資率が入手可能な国に限定している。ただし，タックスヘイブン（租税回避地）であるために極端に1人あたりGDPの高いルクセンブルグは除いている。

図1-8　居住者による特許出願件数

（万件）

居住者による特許出願件数

150

100

50

0

中国

アメリカ
日本

（年）

2000　　2005　　2010　　2015　　2020

出所：世界銀行，World Development Indicators

productivity を略して **TFP**）という指標で測る方法もあります。詳しい手法についてはこの章の後半の**第1.4.1節**で説明しますが，簡単に言えば，全要素生産性とは生産量のうち，労働力や資本財などの生産要素の量だけでは説明できない部分を測ったものです。**図1-9**は，OECD諸国の全要素生産性と1人あたりGDPの関係を図

1.2

日本経済停滞の原因

図 1-9　OECD 諸国の 1 人あたり GDP と全要素生産性

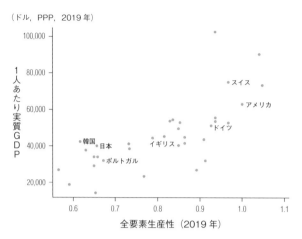

（ドル，PPP，2019 年）

出所：Penn World Tables 10.01

に表したものです。この図では，全要素生産性はアメリカが 1 と
なるように標準化されています。

　この散布図を見ると，概ね，国の総合的な技術レベルである全要
素生産性が高ければ，その国の 1 人あたり GDP も高いという関係
になっており，技術レベルが所得水準の決定要因となっていること
がわかります。1 人あたり GDP が大きく，労働者も多ければ，
GDP 総額も大きくなります。

　図 1-9 は，日本はアメリカ，ドイツ，スイスなど他の先進国に
くらべると，全要素生産性が低く，1 人あたり GDP も低いことを
はっきりと示しています。つまり，特許数で見ても，全要素生産性
で見ても，技術レベルが停滞していることが，日本の GDP の停滞
の原因になっているのです。

● 1 人あたり所得の停滞の原因

　これまでは，図 1-1 で示された GDP 総額の停滞の原因について
説明しました。では，図 1-2 に見られる 1 人あたり GDP の停滞の
原因についてはどうでしょうか。資本財や技術レベルの役割につい
ては同様に考えられますが，労働者の数についてはやや注意が必要
です。

　なぜなら，労働者が減ったとしても，労働者 1 人あたりの平均
的な生産額（これを労働生産性とよびます）は変わらない可能性も

あるからです。例えば，労働者1人1人がバラバラに働いていて，各々が1日1万円分のモノを生産していたら，労働者が10人いようが100人いようが，1人あたりの生産額は1万円です。もしそうであれば，少子化で労働者数が減っても，労働者1人あたりのGDPは変わりません。

ただし，労働者1人あたり生産額が変わらなくても，少子高齢化の下では国民1人あたりの生産額は減っていきます。なぜなら，

$$\text{労働者1人あたり生産額（労働生産性）} = \frac{\text{生産総額}}{\text{労働者数}}$$

国民1人あたり生産額（1人あたりGDP）

$$= \frac{\text{生産総額}}{\text{人口}} = \underbrace{\frac{\text{生産総額}}{\text{労働者数}}}_{\substack{\text{労働者1人あたり}\\\text{生産額}\\\text{（労働生産性）}}} \times \underbrace{\frac{\text{労働者数}}{\text{人口}}}_{\substack{\text{総人口に占める}\\\text{労働者の割合}}}$$

となりますが，少子高齢化では総人口に占める労働者の割合は減っていくからです。

さらに，労働者が減ることで生産の効率性が下がり，労働者1人あたりの生産額が減ってしまうことも考えられます。例えば，多くの労働者が互いの長所を活かせるような仕事に特化できたり，互いに助け合ったりしている場合には，労働者がたくさんいるほうが効率がよいということがあります。

そのような場合には，労働者の数が2倍になれば，生産額は2倍以上になるわけで，労働者1人あたりの生産額は増えます。逆に，労働者の数が減れば，労働者1人あたりの生産額は減るわけです。こういった場合は，規模が大きくなると経済性が高まるという意味で，規模の経済が存在するといいます。規模の経済については，**第1.4.1節**で詳しく述べます。

また，労働人口が大きいことで，研究開発など知的な生産活動に従事する人が多くなり，技術進歩が促進されて1人あたりGDP成長率も上昇するという考え方もあります。これは，内生的経済成長論の創始者でノーベル経済学賞受賞者のポール・ローマーが提唱していることで，経済成長における規模効果といいます。人口規模の大きいアメリカや中国が最先端の技術を生み出していることは，そ

の1つの証左であるといえます。

　ですから，労働者の対人口比が下がること，規模の経済や規模効果が存在することを通じて，労働者数の減少は国民1人あたりGDPの減少にはつながる可能性が高いといえます。

なぜ日本経済は長期間停滞しているのか？

1.3　経済停滞にどう対処すべきか

　さて，少子高齢化，ICT投資の停滞，技術進歩の停滞が，日本経済の停滞の原因となっているとすると，それらに対してどのように対処すればよいのでしょうか。

　そもそも，このような場合に政府が政策で介入する必要はあるのかを考えてみましょう。例えばICT投資の停滞が問題であったとしても，それは企業の選択の結果であって，政府が介入する必要はないという考え方もありえます。ただし，政府が政策を実施することで，企業も利益を上げ，労働者にその利益が行き渡ることで社会全体の効用（幸福度）を高められるのであれば，そうするべきでしょう。

　第4章の第4.4節（72ページ）で詳しく述べるように，経済学では，一定の条件の下では市場経済が作り出す状態（均衡）は社会的に最適の状態であり，政府の介入によってよりよい状態を生み出すことはできないと明らかにしています。ただし，現実にはそのような条件が満たされないことも多く，その場合には政府の介入が必要なのです。

　政府の介入が必要な場合の1つが，先ほど述べた規模の経済がある場合です。例えば，ICT投資の1種として，企業が高機能のオンライン会議のシステムや機器を導入することを考えましょう。このとき，自社内だけではなく，取引先とのオンライン会議も行うのであれば，取引先も同じシステムや機器を導入している必要があります。ですから，自社だけがこの投資をしたときにくらべて，自社も取引先も同じ投資をすれば，経済全体の生産の効率性は大きくアップし，社会的な便益は2倍以上になるでしょう。つまり，規模の経済が働いているのです。

　しかし，企業は自社の投資しか決められませんから，ICT投資をしようとしても取引先がしなかった場合の便益が小さいために，投

資をしないかもしれません。そうすると，経済全体としてあまりICT投資が進まず，ICTの利用による生産の効率化も進まないことになります。日本で中小企業のICT投資が特に進んでいないのは，取引先がICT投資をしていない中小企業が多く，自社がICT投資をするインセンティブが低いためだと考えられます。

　このような場合には，政府がICT投資に対して税金を控除（安く）するなどの政策を行えば，ICT投資が進んで経済が成長し，社会全体がよりよい状態になるわけです。実際，日本を含めて多くの先進国は，中小企業を中心にICT投資に対する政策支援を行っています。ただし，OECDの報告書によると，日本の政策支援は他国とくらべて十分ではなく，現実にICT投資が少ないことを考えれば（**図1-6**），改善の余地は十分にあるのです[2]。

　また，技術進歩に対しても政府の政策が必要であることはよく知られています。詳細は本章の後半の**第1.4.2節**で述べますが，新しい技術や知識を生み出すと，それを完全に秘匿するのは難しく，他人や他社に真似されてしまいます。そのため，知識や技術を生み出した人や企業は，真似される分だけ利益を損なってしまい，技術開発に対するインセンティブがそがれてしまいます。ですから，市場経済では知識や技術が十分に生み出されず，社会的に最適な状態が達成されません。この場合にも，政策によって研究開発活動に補助金や税制優遇措置を行うことで，技術進歩を促進して経済成長を引き上げて，よりよい社会の状態を達成することができるのです。

　図1-10は，OECDのいくつかの国について研究開発に対する直接補助金と税制優遇の対GDP比を示しています。全ての先進国は研究開発に対する政策の必要性を認識していて，一定の政策支援を行っています。その中で，日本はOECD平均とくらべても補助金が少なく，ここでも改善の余地があります。

　むろん，日本経済の停滞の原因には，ここに挙げたこと以外にもデフレやグローバル化への対応など様々にあるでしょう。デフレについては**第5章**で，グローバル化については**第7章**でふれて，必要な政策について解説していきます。

2　OECD（2019），ICT Investments in OECD Countries and Partner Economics: Trends, Policies and Evaluation. *OECD Digital Economy Papers*, No.280.

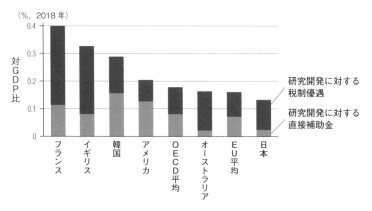

図1-10　各国の民間による研究開発活動に対する補助金

(%, 2018年)

対GDP比

研究開発に対する税制優遇

研究開発に対する直接補助金

フランス　イギリス　韓国　アメリカ　OECD平均　オーストラリア　EU平均　日本

出所：OECD Science, Technology and Innovation Outlook 2021

1.4　マクロ経済学のツール

1.4.1　企業や経済全体の生産量はどうやって決まるのか

● 生産関数とは

　生産活動は，労働力や資本財（設備や機械など）といった投入財（生産要素）と技術を利用して行われます。このとき，どのくらいの量の投入財を使い，どのくらいのレベルの技術を使うと，どのくらいの量のモノやサービスが生産・産出できるかは，ある一定の法則で決まっているはずです。

　例えば，3人のラーメン職人（労働力）が鍋2個，ガスコンロ2台（資本財）と熟練の技（技術レベル）を使えば，1日に60杯ラーメンを作れるといった具合です（むろんラーメンを作るためには鍋とガスコンロ以外にもいろいろな資本財が必要ですが，ここでは省略します）。このような投入量と産出量との関係を生産関数とよびます（図1-11）。

　なお，ここでは素材や部品などの中間財（ラーメンの例では，麺，豚肉，鶏ガラなどが中間財にあたります）は投入財には含めずに，労働力と資本財と技術から，付加価値（生産されたモノ・サービスの価値から中間財の価値を引いたもの）が産出されると考えていま

図 1-11　生産関数

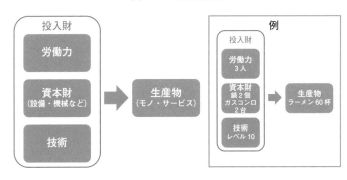

す。例えば，ラーメン 1 杯が 800 円で，麺などの中間財に 300 円かかっているとすると，付加価値生産額は 1 杯で 500 円です。ただし，この付加価値額は企業にとっての利益とは異なり，人件費や資本財の費用が含まれています。言い換えれば，付加価値額からさらに人件費や資本財を利用するための費用などを除いたものが利益です。

　また，ラーメン店の生産関数は，ある特定の製品，特定の企業の生産関数を考えたものです。このような製品ごと，企業ごとの生産関数だけではなく，これらを国全体で統合した生産関数を考えることも可能です。国全体で，どの程度の労働力や資本財を投入し，どの程度の技術を使えば，どの程度の GDP が生産されるかを表す関数をマクロ生産関数とよびます。

● **労働・資本の限界生産物**

　次に，生産関数を使って，資本財の量は一定として，特に労働力量と生産量の関係を考えてみましょう。ラーメンの例だと，資本財の量は鍋 2 個とガスコンロ 2 台で変えないで，労働力だけ変えると生産量はどうなるでしょうか。

　3 人で 60 杯作れるということは，1 人で作ると 20 杯，2 人で作ると 40 杯となるでしょうか。おそらくそうはなりません（前項で，生産量は本来は付加価値生産の量であると説明しました。しかし，ここでは説明を簡単にするために，中間財については無視し，ラーメンを何杯作るかを生産量として考えます）。

　1 人だけで作る場合でも，鍋は 2 個，ガスコンロは 2 台あるわけですから，3 人で作るときの 1 人分である 20 杯よりも多く作れる

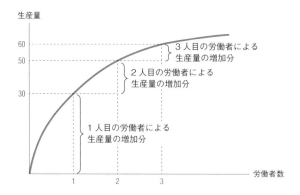

図 1-12　労働力と生産量の関係

と考えるのが普通です。もう 1 人増えて 2 人で作る場合では，鍋とガスコンロの量は変わりませんので，1 人で作る場合の 2 倍作れるわけではありません。例えば，1 人だと 30 杯，2 人だと 50 杯作れるとしましょう。3 人目が増えても，鍋とコンロは 2 台ずつですから，それほど作れる量は増えずに，せいぜい 60 杯となるのです。

　この例を使って，資本財の量は一定にしたままで，労働力と生産量の関係を描いたのが図 1-12 です。この図で，1 人目の労働者による生産量の増加分は 30 ですが，このように労働力量を 1 単位増やしたときの生産量の増加分を労働の限界生産物といいます。「限界」というのはややわかりにくい表現ですが，現在の労働力から「ぎりぎり」1 人増やしたときの生産の増加分を考えるので，「限界」という言葉を使っています。

● 限界生産物の逓減

　労働の限界生産物は，現在の労働力量がいくらあるかによって異なってきます。労働力が 0 の場合には，1 人増やすことで生産量は 30 増えますから，労働の限界生産物は 30 です。しかし，労働力が 1 の場合には，1 人増やすことで生産量は 50−30＝20 だけ増えますから，労働の限界生産物は 20 です。さらに，労働力が 2 の場合には 60−50＝10 となります。

　このように，労働力が増えるに従って，労働の限界生産物は減少していきます。これを，労働の限界生産物が逓減すると表現します。労働の限界生産物が逓減するのは，資本財の量が変わらないのであ

れば，労働力を2倍にしたからといって生産量は2倍にならないからです。上述の例のように，労働者が1人から2人になっても，鍋やコンロの数が変わらないのであれば，それがネックとなって倍の量のラーメンを作ることができないのです。

　ラーメン店だけではなく，一般的にもこのことは成り立ちます。機械や設備を増やさないまま，労働力だけ増やしても，労働者1人あたりの機械や設備の量は減っていってしまいます。ですから，増やした労働力による生産量の増加分は減っていくことは想像がつくはずです。

　なお，労働の限界生産物とは逆に，労働力を一定とした上で，資本財の量を1単位増やしたときの生産量の増加分を資本の限界生産物とよびます。資本財の単位とは概念的なものですが，例えばラーメンの例では鍋とコンロのセットを1単位と考えましょう。すると，鍋とコンロをそれぞれ1増やしたときに，どれだけラーメンの生産量を増やせるかが，資本の限界生産物となります。労働の限界生産物と同様，資本の限界生産物も逓減するのが普通です。例えば，労働者が3人として，鍋とコンロがない状態から1セット増やせば，大きく生産量は増えます。しかし，すでに10セットある状態から1セット増やしたとしても，労働者は3人のままですから，それほど生産量は増えないのです。

　このように，労働や資本の限界生産物が逓減していくことは，概念的にも理解しやすいですし，データを使っても多くの場合では実証されています。ですから，生産関数におけるこのような性質を，限界生産物逓減の法則，もしくは限界生産力逓減の法則とよびます。

　限界生産物が逓減することは，経済の成長を考える上で非常に重要なことです。なぜなら，人口が増えず，労働者の数が一定の国で，設備や機械に投資をして資本財を増やしていったとしても，だんだん生産の増加が鈍化していくことになるからです。

　ですから，長期的に経済成長を停滞させないためには，投資による資本の増加（資本蓄積）だけでは不十分で，生産関数のもう1つの要素である技術レベルを向上させていくことが必要なのです。これが，マクロ経済学の1分野である経済成長論，特にロバート・ソローによる新古典派成長理論の重要な結論です。なお，技術進歩と経済成長の関係については，第8章でさらに詳しく述べます。

● 規模の経済とは

これまでは，労働力と資本財のどちらかを変えずに，もう一方だけを増やしたら生産量がどうなるかを考えてきました。次に，投入財である労働力と資本財のどちらをも増やす，例えば2倍にしたときに，生産量がどのように変化するかについて考えてみましょう。

製品や企業によっては，全ての投入財を2倍に増やした場合，生産量もちょうど2倍になる場合があるでしょう。このように，投入量を2倍にすれば産出量もちょうど2倍になることを，規模に関して収穫一定とよびます。

上のラーメン店の例では，3人が鍋2個，コンロ2台を使えば，1日にラーメンを60杯作れましたが，その倍の6人が鍋4個，コンロ4台を使えば120杯作れる場合が，規模に関して収穫一定のケースです。これが，**表1-1**の（1）の行に示されています。例えば，3人の労働者が2チームにわかれていて，その2チームがバラバラに独立して働いている場合には，規模に関して収穫一定となるでしょう。

しかし，6人がバラバラに働かず，互いに協力し合うことでうまく鍋4個，コンロ4台を効率よく使うことができれば，ラーメンを120杯ではなく，それより多く作ることができるかもしれません。これが，**表1-1**の（2）の行の場合です。このように，投入量を2倍に増やしたら産出量が2倍より多くなることを，規模に関して収穫逓増といい，このような生産活動を規模の経済があると表現します。

逆に，投入量を2倍にしたら産出量が2倍未満になる場合（**表1-1**の（3）の行）を，規模に関して収穫逓減とよびます。これは，

表1-1　規模に関して収穫一定・逓増・逓減

	投入量		
	労働力3人 鍋2個・コンロ2台 （1倍）	労働力6人 鍋4個・コンロ4台 （2倍）	労働力9人 鍋6個・コンロ6台 （3倍）
(1)規模に関して収穫一定	ラーメン60杯 （1倍）	120杯 （2倍）	180杯 （3倍）
(2)規模に関して収穫逓増 （規模の経済）		140杯 （2倍以上）	240杯 （3倍以上）
(3)規模に関して収穫逓減		100杯 （2倍以下）	130杯 （3倍以下）

労働力や資本財を2倍にすることで，むしろ効率性が下がる場合に起こりえます。例えばラーメン店の例では，3人が鍋2個，コンロ2台を使っている場合にくらべて，6人が鍋4個，コンロを4台使っているときには，人が多くいることでむしろ1人1人がやるべきことがあいまいになってしまうかもしれません。このような「船頭多くして船山に登る」ような状態では，ラーメンを作るのが遅くなってしまう可能性があります。

　なお，労働または資本の限界生産物逓減と規模に関する収穫逓減とは，全く異なるものですから注意してください。労働や資本の限界生産物逓減とは，労働または資本のどちらかだけを2倍にした場合に生産量は2倍未満にしかならないことを意味しますが，規模に関して収穫逓減とは，労働と資本のどちらも2倍にしても生産量は2倍未満にしかならないことを意味しています。ですから，労働や資本の限界生産物が逓減しても，規模に関して収穫一定もしくは逓増となることはありえます。

● 規模の経済による歪み

　さて，生産関数が規模に関して収穫逓減，一定，逓増のいずれであるかは，経済活動を考える上で非常に重要です。

　例えば，ある産業で企業ごとの生産関数に規模の経済が働いているとしましょう。そうすると，その産業の企業は規模を大きくすればするほど投入量あたりの産出量を増やすことができるので，規模の大きな企業のほうが大きな利益を上げられることになります。その結果，小さな企業は競争によって淘汰され，その産業では1つの巨大企業が支配する独占状態や少数の企業が支配する寡占状態となるでしょう。

　いわゆるハイテク産業では，規模の経済が働きやすいといえます。一例を挙げれば，スマートフォン産業では，アップル，サムスン，シャオミなど少数のメーカーの寡占状態です。これはなぜでしょうか。スマート・フォンは，新製品の開発に大勢のエンジニアと多くの設備を必要とします。しかし，いったん新製品を開発してしまえば，1つ1つの製品を作るのには比較的安価です。例えば，スマホ新製品の開発には1,000人，1台生産するのに1人の人手が必要だとしましょう。すると，2,000人の労働力では1,000台生産できますが，その倍の4,000人を投入すれば3,000台と2倍以上の生産が可能

となるのです。このように，生産に多額の初期投資が必要な場合には，規模の経済が働きます。

　また，ソーシャル・ネットワーキング・サービス（SNS）でも，Facebook，X（旧 Twitter），Instagram などの寡占状態となっています。これは，SNS には利用者が多いことで利用者の利便性や利益が大きくなるというネットワーク外部性があるからです。例えば，もし Instagram に似た SNS があったとしても，あまり利用者がいないなら，自分の投稿を読んでくれる人がいないので，利用者は増えません。このようにネットワーク外部性がある場合にも，規模の経済が働くのです。

　半面，ある産業で生産関数が規模に関して収穫一定であれば，どうなるでしょうか。この場合には，企業の規模によらずに投入量あたりの産出量は同じですから，その産業では必ずしも大企業の寡占状態とはならず，中小企業も存続できるはずです。

　生産関数が実際にどのような関数形をなしているのかについては，多くの実証研究が行われています。その結果，上述のように規模の経済が働く産業もあるものの，多くの産業では生産関数は規模に関して収穫一定もしくはそれに近いことがわかっています。この結果は，現実に多くの中小企業が存在していることと整合的です。

● 全要素生産性

　上で述べたように，企業ごと産業ごとに生産関数は様々だと考えられます。しかし，国全体の生産関数については，

$$GDP（生産量）＝技術×資本財量^{\frac{1}{3}}×労働力量^{\frac{2}{3}}$$

とすると，実際の生産量と投入量との関係をある程度正確に表していることが，多くの実証研究の結果からわかっています。このとき，資本財の量と労働力量の両方が 2 倍になれば，生産量は 2 倍となります。ですから，この生産関数は規模に関して収穫一定となります。

　また，この式を変形して

$$技術＝GDP（生産量）÷（資本財量^{\frac{1}{3}}×労働力量^{\frac{2}{3}}）$$

となります。このようにして定義される技術レベルがこの章の前半で紹介した全要素生産性（TFP）なのです。この全要素生産性が高

い国は，他の国と同じだけの量の労働力や資本財などの投入財を使ったとしても，他の国にくらべて生産量が多くなります。これは，その国の技術レベルが高いためだと判断できるのです。

　生産量，労働力量，資本財量のデータがあれば，全要素生産性が計算できます。実際には，生産量は GDP，労働力量は労働時間を調整した国全体の総労働者数，資本財量は国全体の固定資本総額が使われます。全要素生産性を経年比較するためには，GDP や固定資本総額は毎年のインフレを考慮した実質値を使わなければなりませんし，国際比較するためには国ごとの価格レベルの違いを考慮した購買力平価調整済みの額を使う必要があります。

　さらに実際の全要素生産性の計測にあたっては，このような単純な生産関数ではなく，もう少し複雑な生産関数を仮定したり，人的資本投資（教育）の影響を入れ込んだり，より現実に即した方法が使われています。**図 1-9** や **図 8-5**（160 ページ）で示す Penn World Tables による全要素生産性もその一例です。

　なお，生産性の指標として，全要素生産性ではなく労働生産性が使われることもあります。労働生産性は，投入財の 1 つである労働力に焦点をあてて測る生産性で，労働者 1 人あたりの生産量として定義されます（14 ページ）。ただし，ある国の労働生産性が高いからといって，その国の技術レベルが高いとは必ずしも言えません。別の投入財である資本財が多い（例えば機械をたくさん使っている）ために生産量が多い可能性もあるからです。

　労働生産性は，全要素生産性と違って生産関数を特定することなく比較的簡単に測ることができるという利点がありますが，技術レベルそのものを表すわけではないという限界を理解して利用して解釈しなければなりません。

1.4.2　知識の創造にともなう外部性

● 技術・知識の創造

　第 1.2 節で日本経済の長期停滞の原因として強調されている技術や知識（この節では「知識」で統一します）は，通常の財とは異なる性質を持っています。

　通常の財，例えばある 1 本の鉛筆は，誰かが使っていれば，それを他の人が同時に使うことはできません。しかし，知識，例えば

マクロ経済学のツール

微分の方法は，いったん生み出されてしまえば，複数の人が同時に使うことができます。このような財の性質を非競合性といいます。

　また，新しい知識の創造である発明は，場合によっては特許を取ることで他人が利用することを排除できます。しかし，特許にできない発明も多く，特許権の範囲については解釈の余地があるために，自分の生み出した知識を他人が使うことを完全に排除することはできません。例えば，微分を発見したニュートンも，我々が微分を使うことを止めることはできません。これを不完全な非排除性といいます。

　非競合性と非排除性があるために，生み出された知識は経済全体に波及して，知識を生み出した人や組織に対して対価を支払うことなく使われてしまいます。つまり，せっかく努力して新しい知識を生み出しても，ただで他人に使われてしまうので，その努力に見合った報酬が得られません。ですから，自由で政府の介入のない市場経済では，十分に新しい知識を生み出す努力が行われないのです。このとき，政府が税金によって知識を生み出す活動，例えば企業の研究開発活動を支援すれば，知識の創造によって経済成長が促進され，社会全体の所得レベルが向上します。

● 外部性による市場の失敗

　前節で説明したことは，外部性の一例です。外部性とは，ある経済主体（例えば個人や企業）の行動が市場を介さないで他の経済主体に影響を及ぼす，いわば「副作用」のようなものと定義できます。外部性があれば市場経済での均衡は最適な厚生を生み出さず（人々は最も幸せにならず），最適な厚生を達成するためには政策による介入が必要であることが知られています。つまり，外部性は市場の失敗の1つの要因なのです。

　外部性の1つの例は，環境問題です。例えば，工場で生産が行われるときに，有毒物質も排出されてしまうとしましょう。これは，社会全体にとって悪影響を与えますが，規制がなければ，それに対して工場が補償金を支払うことはありません。これは，知識とは異なり，工場での生産には社会に対する負の外部性があり，工場生産のインセンティブがむしろ過大に与えられていると考えられます。このとき，政府が介入して，有毒物質を排出する工場生産に対して税金を課したり，直接的に有毒物質の排出量を規制したりすること

で，有毒物質の排出は抑えられ，工場の生産による社会の利益と有毒物資の排出による社会の不利益がバランスした最適な状態が達成できます。

　炭素税とは，二酸化炭素の排出量に応じて企業や個人に課される税金です。この炭素税も外部性に対する政府の介入の一種です。人間の生産・消費活動によって排出される二酸化炭素は，温室効果によって地球全体の温暖化をもたらします。炭素税は，生産・消費活動を抑えて温室効果ガスの排出を抑制し，地球規模の外部性による市場のゆがみを修正しようとするものです。

　このように，ある経済主体の活動による外部性には，他の経済主体に対して正の影響を及ぼすものと負の影響を及ぼすものがあります。正の影響を及ぼす場合にはその活動を奨励するような政策が，負の影響を及ぼす場合にはその活動を抑制するような政策が必要となるのです。

《本章のまとめ》

- 日本は 30 年間にわたって，経済が停滞している。
- その原因は少子高齢化，ICT などに対する投資の不足，技術進歩の停滞である。
- これらの原因は市場の失敗に起因しており，ICT 投資，技術進歩に対して政策的介入することによって，改善が可能である。

《本章で学んだ経済学のツール》

GDP：国全体の付加価値生産額であり，国全体の総所得でもある。

生産関数：生産要素（労働力，資本財）および技術と生産量との関係。

労働（資本）の限界生産物：追加で投入した労働力（資本財）によって増加する生産量。労働力（資本財）を投入すればするほど，限界生産物は逓減する。

規模に関して収穫逓増・規模の経済：生産要素を全て 2 倍にすると，生産量は 2 倍より多くなること。

全要素生産性：それぞれの国または企業の技術レベルの指標。生産量と投入量から推計できる。

労働生産性：労働者 1 人あたりの付加価値生産額。

外部性：ある経済主体の行動が市場を介さずに他の経済主体に影響を
及ぼす副作用。

技術・知識：技術・知識を生み出しても他人に使われてしまうという
外部性があり，政策によって技術・知識の創造を促進することで，
より高い経済成長を達成できる。

より深い理解のための参考文献 ————————————

【マクロ経済学（初級）教科書】
- 福田慎一，照山博司（2016），『マクロ経済学・入門［第5版］』，有
  斐閣
  日本の代表的なマクロ経済学者らによる最新のマクロ経済学の初級〜中
  級の教科書。

【マクロ経済学（中級）教科書】
- ダロン・アセモグル，デヴィッド・レイブソン，ジョン・リスト
  （2019），『アセモグル / レイブソン / リスト マクロ経済学』，東洋経
  済新報社
  超一流の経済学者らによる最新のマクロ経済学の初級〜中級の教科書。
  次のマンキューの教科書よりもやややさしい。
- N・グレゴリー・マンキュー（2019），『マンキュー経済学Ⅱ マクロ
  編［第4版］』，東洋経済新報社
  世界的に最も売れている経済学の教科書の1つ。非常に詳しい説明で，
  わかりやすい。

【一般書】
- 伊藤元重（2021），『ネットニュースではわからない本当の日本経済
  入門』，東洋経済新報社
  最近の日本経済の問題について，経済学の考え方に基づいて，非常にわ
  かりやすく解説されている。
- 鶴光太郎，前田佐恵子，村田啓子（2019），『日本経済のマクロ分析
  −低温経済のパズルを解く−』，日本経済新聞出版社
  上に挙げた本と同様だが，より専門的に詳しく解説されている。
- 広野彩子編著（2023），『世界最高峰の経済学教室』，日本経済新聞
  出版
  日経ビジネスの副編集長である編著者が，まさに世界最高峰の経済学者
  12人へのインタビューをもとに，それぞれの学者の業績をわかりやすく
  解説している。本章のトピックだけではなく，経済学全般を概観できる。

2 国の経済規模や所得レベルは どうやって測るのか？
－マクロ経済学－

　本章は，経済規模や所得レベルを測るものとして前章で出てきた GDP や 1 人あたり GDP などについて詳しく解説します。**第 2.1 節** では，国ごとの経済規模を測る国内総生産（GDP）を定義し，その名目値と実質値の違いを説明します。**第 2.2 節**では，1 人あたり所得を国際比較するために，購買力平価という概念を導入します。**第 2.3 節**では，1 人あたり所得によって人々の幸せは測れるのかという重要な問題について考えます。

2.1　国ごとの経済規模を測る

● 国民総生産（GDP）とは
　国ごとの経済規模は，通常その国の企業による財（モノやサービス）の生産総額で定義される国内総生産（gross domestic products を略して GDP とよばれます）で表されます。ここで，モノとは，コメなどの農作物も，自動車や電化製品などの工業製品も含まれます。サービスの生産とは，例えばヘアカットやホテルでの宿泊，インターネットを通じた映画配信など，必ずしも製品を生産するわけではないような生産のことを指します。経済学では，モノとサービスを合わせて財とよびます。
　まず，財の生産総額とは何でしょうか。生産総額といっても，企業などの生産者の売上高を足し上げたものではありません。売上高から材料や部品などの中間財の仕入れ高を引いた付加価値生産額を足し上げたものである必要があります。なぜなら，例えばある自動車メーカーが 100 万円の部品を買ってきて，最終消費財である車を製造して 150 万円の売上があったとすると，その企業が実質的に生産したものは 50 万円分の価値でしかないからです。これが図

図 2-1　売上高と付加価値生産額

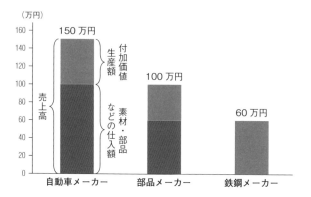

2-1 の一番左の棒グラフで示されています。

　さらに，その中間財を生産した部品メーカーは，鉄鋼を製造する企業から 60 万円分の素材を買って部品を作ったとします。すると，この部品メーカーの付加価値生産額は 100 万－60 万＝40 万円です。鉄鋼メーカーは鉱山から鉄鉱石を掘り出して加工して部品メーカーに売っており，特に材料はないとすれば，その付加価値生産額は 60 万円となります。

　付加価値生産額を国内の全ての生産者について足し上げたものが，GDP で，これが国の経済規模を測る基本的な指標となります。図2-1 の例を使って，ある国にこの 3 つの企業しかないとすると，この国の GDP は 3 企業の付加価値生産額の和，50 万＋40 万＋60 万＝150 万となります。なお，図 2-1 から明らかなように，付加価値生産額の和は，最終消費財の生産・売上高と等しくなります。ですから，GDP は最終消費財企業の売上高の和としても求めることができます。

　しかも，GDP は国内の人々の所得総額にも等しくなるはずです。図 2-1 の例では，自動車メーカーが 50 万円分の付加価値を生産したとき，その 50 万円の一部はその企業の社長や従業員の給料になります。これは労働所得とよばれます。また，その企業にお金を貸した債権者に対して利子として支払われたり，出資した株主に対して配当として支払われ，債権者や株主の所得にもなります。これを資本所得とよびます。

　このように，付加価値生産額 50 万円は最終的には誰かの所得に

なるのです。ですから，付加価値生産額の総額であるGDPは，労働所得と資本所得を足した所得総額にも等しくなるはずです。

ただし，細かく言えば，企業が生産によって得た利益を従業員にも株主にも配分せずに，企業内でため込むこともありえます。これを内部留保といいます。内部留保は設備や機械の購入に使われたり，自社や他社の株式を購入するのに使われたりもします。しかし，長期的に見れば，内部留保によって得た利益もいずれは従業員や株主などの所得に還元されます。ですので，ここでは付加価値生産額と所得は等しいものと考えます。

現実にも，各国の統計局は生産面から見たGDPと所得面から見たGDPの両方を計測していますが，この2つはほぼ一致しています。完全に一致しないのは，生産額や所得額を完全に把握することが難しいからです。なお，生産とは企業による財の供給のことですから，生産面から見たGDPは供給面から見たGDPとよばれることもあります。また，生産されたものを誰が買ったかによってGDPを分類し，消費者，企業，政府，海外による購入分の和として表す方法もあります。これは需要面から見たGDPとよびます。この点については，**第6章の第6.5.1節**（119ページ）で詳しく説明します。

● 国民総所得（GNI）とは

なお，国内総生産（GDP）と似ているけれども少し違うものとして，国民総所得（gross national incomeを略してGNIとよびます）があります。GDPが「国内」であるのに対して，GNIは「国民」であることに注意してください。つまり，日本のGDPとは，日本企業であろうが海外企業であろうが，日本国内で生産された付加価値生産総額であるのに対して，GNIとは日本国民（より正確には日本の居住者）が日本国内であろうが海外であろうが，受け取った所得の総額です。

ですので，日本企業や日本人が海外で投資して得た利益は，GDPには含まれませんが，GNIには含まれます。以前はGDPとGNIとの差はそれほど大きくはありませんでしたが，近年は経済のグローバル化が進んで海外での企業活動が盛んになっていますから，その差が大きくなっています。

図2-2は日本のGDPとGNIを比較したものです。1990年には

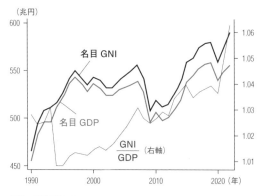

図 2-2　日本の GDP と GNI の比較

出所：世界銀行，World Development Indicators

この 2 つはほとんど同じでしたが，徐々に GNI のほうが大きくなり，2010 年代後半には GDP の約 1.04 倍に，2022 年には 1.06 倍を超えるほどになりました。簡単に言えば，日本人の海外での稼ぎが増えているためにこうなっているのです。

　特に，2022 年の GNI/GDP 比が大きいのは，円安が急速に進んだために，海外での稼ぎを日本に送金して円に換えたときに，より大きな金額になったからです。2021 年の平均為替レートは 109.8 円でしたが，2022 年には 131.5 円となったので，海外の稼ぎは円に換算すると 1 年で約 20％増しになったといえます。

● **名目値と実質値の違い**

　ただし，**図 2-2** のように GDP や GNI の時間的な変化を観察するときには注意が必要です。なぜなら，GDP も GNI もその年その年の物価を使って評価されているからです。例えば，もし全ての財の価格が 1 年で 2 倍になれば，生産量は増えていなくても生産額は倍になってしまいます。

　ですから，GDP や GNI が増えたとしても，それが物価が上がってインフレーション（インフレ）が起きたためなのか，実際に生産された財の量が増えたためのかはよくわかりません。逆に，物価が下がるデフレーション（デフレ）が起きていれば，生産額が増えた分よりも生産された財の量は増えたはずです。このような物価の変化による生産額の変動の問題を解決するために，毎年物価が変化し

ていないと仮定して計測した GDP や GNI（これらを実質 GDP，
実質 GNI とよびます）が使われます。

　例えば，アメリカでは 2020 年から 2021 年にかけてインフレ率
が 4.5％でした（アメリカではインフレ率が高く，わかりやすいの
でアメリカの例を使っています）。これは，価格レベルが 1.045 倍
になったということなので，2021 年の GDP（実質 GDP との違い
を強調するために名目 GDP とよびます）を 1.045 で割ったものが，
2020 年を基準年とした実質 GDP となります。

　さらに，2021 年から 2022 年にかけてのインフレ率が 7.0％だっ
たとします。すると，2020 年の価格レベルにくらべて，2022 年の
価格レベルは 1.045×1.07＝1.118 倍となります。ですから，2020
年を基準年とした 2022 年の実質 GDP は，2022 年の名目 GDP を
1.118 で割ったものです。

　ある基準年を 1 としてそれぞれの価格レベルを数値化したもの
を価格指数とよびます。上の例では，2020 年を基準年とすると，
2022 年の価格指数は 1.118 となります。実質値とは名目値を価格
指数で割ったもので，以下のような式で表されます。

$$実質値＝\frac{名目値}{価格指数}$$

なお，価格指数にはいくつかの種類があります。1 つは消費者物価
指数で，これは国内で消費されている財の平均的な物価を表したも
のです。国内で消費されているものには輸入品も含まれているので，
消費者物価指数は輸入品の価格によっても変動します。もう 1 つ
は GDP デフレーターで，国内で生産されている財の平均的な物価
を表したもので，輸入品の価格は含まれません。通常，実質 GDP
は名目 GDP を GDP デフレーターで割ったものです。

　アメリカの名目 GDP が 2020 年に 21.1 兆ドル，2021 年に 23.3
兆ドル，2022 年に 25.5 兆ドルでした。ですので，表 2-1 で示され
るように，2020 年を基準年としたときの実質 GDP は 2020 年に
21.1 兆ドル，2021 年には 23.3 兆÷1.045＝22.3 兆ドル，2022 年
には 25.5 兆÷1.118＝22.8 兆ドルとなります。

　名目 GDP 成長率を見ると，2021 年には 10.7％，2022 年には 9.2
％と非常に高くなっていますが，実質 GDP 成長率を見るとそれぞ
れ 5.9％，2.1％と，名目の成長率よりかなり低くなっています。こ
れは，名目 GDP の増加の多くの部分が物価上昇によるもので，実

表 2-1　アメリカの名目 GDP と実質 GDP

	2020	2021	2022
名目 GDP（兆ドル）	21.1	23.3	25.5
インフレ率（%）	1.3	4.5	7.0
価格指数	1	1.045	1.118
実質 GDP（2020 年が基準年，兆ドル）	21.1	22.3	22.8
名目 GDP 成長率（%）	–	10.7	9.2
実質 GDP 成長率（%）	–	5.9	2.1

図 2-3　日本の名目 GDP と実質 GDP

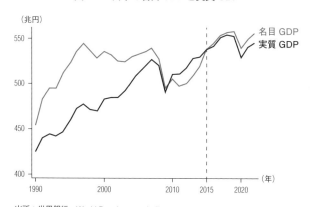

出所：世界銀行，World Development Indicators
注：実質 GDP の基準年は 2015 年。

質的な生産や所得はそれほど増加したわけではないことを示しています。

　図 2-3 は，日本の名目 GDP と実質 GDP の違いを表しています。名目 GDP にくらべて，実質 GDP のほうが増加傾向が強いことがわかります。これは，日本では価格が下落傾向にある，つまりデフレが起きているためです（デフレについては，第 5 章で詳しく説明します）。つまり，日本では名目 GDP は 1990 年代から最近になるまで停滞していますが，同時に物価が下がっているために実質 GDP は上昇しており，実質的な所得や購買力はある程度は向上しているといえます。

　なお，この実質 GDP は 2015 年の物価を基準として，1990 年から 2021 年まで 2015 年の物価から変化していないと仮定した上で測られていますので，2015 年には名目 GDP と実質 GDP は一致しています。

2.2　国ごとの所得レベルを比較する

　GDP や GNI は 1 国全体の経済規模を表すものですが，国民 1 人
1 人の平均的な所得レベルを表すには，これらを人口で割った 1 人
あたり GDP や GNI が使われます。

　さらに，様々な国の所得レベルを国際比較するときは，1 人あた
り GDP や GNI を，円のような各国の通貨ではなく，米ドルのよう
な統一された通貨の単位に直す必要があります。各国の通貨で表し
た 2022 年の 1 人あたり GDP は，日本では 445 万円，アメリカで
7 万 6,400 ドルでした。また，2022 年の平均的な為替レートは 1
ドル＝131.5 円でした。すると，日本のドル建ての 1 人あたり
GDP は 445 万円÷131.5＝3 万 3,840 ドルとなり，アメリカの半分
以下の所得レベルとなります（表 2-2 の（2）列）。

　しかし，このように単純に為替レートを使って日米の所得レベル
を比較するのは問題です。なぜなら，日米では物価が違うためです。
1 ドル＝131.5 円で計算すれば，日本のほうがはるかに物価が安く
なります。例えば，2022 年にはマクドナルドのビッグマックはア
メリカでは 5.15 ドル，日本では 390 円でした。公定為替レートを
使って円に直すと，アメリカのビッグマックは 677 円で，日本の
ほうがはるかに安いのです。近年，海外から日本へのインバウンド
観光が流行っているのは，1 つには日本の物価が安いためです。

　ですから，日本で 445 万円で所得がある人のほうが，アメリカ
で 445 万円，つまり 3 万 3,840 ドルの所得がある人よりもたくさ
ん物が買えるはずで，単純に日本の所得レベルはアメリカの半分と
は言えません。つまり，各国の所得レベルをくらべるときには，名

表 2-2　いろいろな為替レートによる日米の 1 人あたり GDP

	(1) 各国通貨建て 1 人あたり GDP	(2) 実際の 為替レートを 使ったドル建て	(3) ビッグマック 為替レートを 使ったドル建て	(4) 世界銀行の購買 力平価調整済み 為替レートを 使ったドル建て
為替レート（1 ドル）		131.5 円	75.5 円	97.6 円
日　本	445 万円	33,840 ドル	58,785 ドル	45,594 ドル
アメリカ	76,400 ドル	76,400 ドル	76,400 ドル	76,400 ドル
日本/アメリカ		0.44	0.77	0.60

目の所得額だけでなく，物価の違いについても考える必要があるのです。

このような問題を解決する1つの方法は，日米の物価が等しくなるような仮想的な為替レートを考えることです。例えば，英エコノミスト誌は，毎年ビッグマック為替レートというものを発表しています。これは，マクドナルドのビッグマックの値段が各国で等しくなるような，仮想的な為替レートです。先ほど例に挙げた日米のビッグマックの値段が同じになるためには，1ドル＝390÷5.15＝75.7円となります。これが，ビッグマック為替レートです。これは，2022年の公定レート1ドル＝131.5円にくらべると，相当円高なレートですが，これを使って円をドルに換算すれば，日米の物価の違いをある程度考慮した上で，両国の1人あたりGDPを比較できるはずです。

例えば，2022年の日本の1人あたりGDPは，445万÷75.7＝5万8,785ドルとなります。ですので，物価の違いを考慮すれば，日本の所得レベルはアメリカの半分ではなく，5万8,785÷7万64,000＝約77％となります（**表2-2**の（3）列）。

むろん，ビッグマックだけで物価を測るのは十分ではありません。ビッグマックだけではなく，ありとあらゆるモノやサービスの物価を各国で調べた上で，それらを総合して物価が同じようになるような為替レートを購買力平価（purchasing power parity，略してPPP）調整済みの為替レートといいます。このPPP調整済みの為替レートは世界銀行などの機関で作成されており，それを利用することで物価の違いを考慮した実質的な所得レベルを国際比較することができます。

世界銀行の発表では，2022年の購買力平価調整済みの為替レートは1ドル＝97.6円でした。このレートを使えば，日本の1人あたりGDPは4万5,594ドルとなり，アメリカの約60％となります（**表2-2**の（4）列）。これはまだ日本の1人あたりGDPを過小評価しているようにも思いますが，いずれにせよ，公定為替レートを使って換算するよりは，より実態に近い数字になっているはずです。なお，**第1章**の最初に示した**図1-2**（8ページ）は，このような購買力平価調整済みの1人あたり実質GDPを表しています。

2.3　所得レベルで幸せは測れるのか

　1人あたり GDP はあくまでも各国の平均的な所得レベルを表す
ものであり，必ずしも国民の幸福度を測るものではありません。し
かし，平均的には所得レベルが幸福度と密接に関連していることは
間違いありません。

　図2-4 は，OECD 加盟国について，1人あたり GDP と人生に対
する主観的満足度指標の平均値との関係を表す散布図です。メキシ
コなどの例外はあるものの，概ね1人あたり GDP が高ければ人生
の満足度が高いという傾向が見て取れます。

　また，**図2-5** は，1人あたり GDP と社会交流の指標の平均値と
が正の相関関係にあることを示しています。この社会交流の指標は，
家族や友人との接触の頻度や時間，社会的交流による満足度，交流
関係による心理的・経済的支援の有無などを基に構築されたもので
す。このような社会交流は人間の幸福度の一因であることは多くの
研究でも明らかになっています。ですから，1人あたり GDP が高
いことが，社会交流を活発にすることでも人々の満足度や幸福度を
上げていると結論づけられます。

図2-4　1人あたり GDP と人生に対する主観的満足度

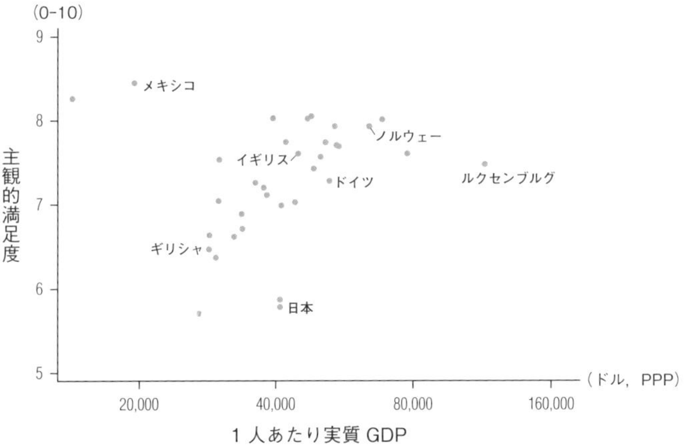

出所：OECD.Stat；世界銀行，World Development Indicators
注：主観的満足度は，個人に対するアンケート調査に基づく回答の平均値。1人あたり GDP
は対数目盛で表示している。

図 2-5　1 人あたり GDP と社会交流のレベル

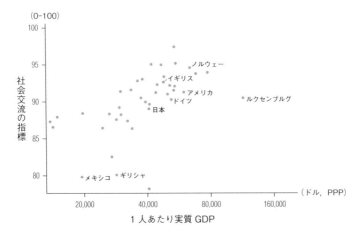

出所：OECD.Stat；世界銀行，World Development Indicators
注：社会交流の指標は，個人に対するアンケート調査に基づく指標の平均値。1 人あたり GDP
は対数目盛で表示している。

　また，**第 8 章の第 8.1 節**（149 ページ）で見るように，1 人あたり
GDP の低い開発途上国では，先進国にくらべて乳幼児死亡率が高
く，平均寿命が短く，教育レベルが低いなど，人生においてより大
きな困難があります。ある実証研究は，途上国も含めたデータで，
所得レベルと主観的な人生の満足度に強い相関があることを示して
います[1]。これらのことからも，1 人あたり GDP で表される所得レ
ベルは，人間の幸福度を決める全てではないにしろ，重要な要素だ
といえます。
　ただし，1 人あたり GDP は平均所得の指標ですから，その値か
らは国内の所得格差を分析することはできません。その点について
は，次の**第 3 章**で詳しく述べています。

1　Sacks, D. W., Stevenson B., and Wolfers J.（2010），Subjective well-being, income,
economic development and growth. *NBER Working Paper*, No.16441. National Bureau
of Economic Research.

《本章で学んだ経済学のツール》

GDP（国民総生産）：国内の付加価値生産額を足し上げたもの。生産されたものは最終的には労働者や株主など誰かの所得になることから，所得総額でもある。

GNI（国民総所得）：国民の所得総額。GDPから国内で国民以外の所得になったものを引き，国民が海外から得た所得を足したもの。

実質値・名目値：実質値とはインフレによる物価の変化を考慮した値で，ある基準年を1とした価格指数で名目値を割ったもの。

購買力平価（PPP）調整済み1人あたり実質GDP：各国の物価の違いを考慮した仮想的な為替レートを用いて，各国の1人あたりGDPをドル建てに変換した1人あたり実質GDP。所得レベルを国際比較する場合には，これを使う。

より深い理解のための参考文献 ―――――

※マクロ経済学の教科書については，第1章の章末の参考文献リストを参照してください。

3 なぜ所得格差が広がっているのか？
－ミクロ経済学・労働経済学－

　最近，多くの国で豊かな人と貧しい人の所得格差が拡大しています。本章の前半では，日本やアメリカをはじめとする各国の所得格差の動きを概観した後，その理由をいくつか示します。また，章の後半では，賃金の決定要因など労働市場の経済学的分析によって，所得格差の原因を理論的に裏づけていきます。

3.1　国内の所得格差の変化

　図 3-1 は，国民の中で最も所得の高い 10%の富裕層の合計所得が国民全体の合計所得に占める割合が，日米仏中の各国で 1900 年から現在までどのように推移してきたかを示しています。完全に平等な社会ではこの割合は 10%となり，この割合が高ければ高いほど，富裕層とそれ以外の人々との所得格差が大きいと考えられます。

図 3-1　各国の所得上位 10%の富裕層の合計所得のシェア

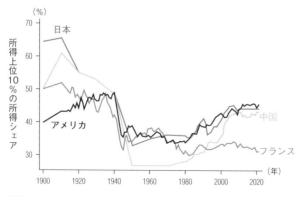

出所：World Inequality Database

この図を見ると，各国ともに第2次世界大戦前には所得格差が現在よりも大きく，戦後急速に縮まったことがわかります。例えば日本では，上位10%の人々の所得が全所得に占める割合は，1900年65%，1930年には53%であり，所得格差は非常に大きかったといえます。しかし，その割合は1950年には33%に急減しています。

これは，日本を含む各国で政治や経済の民主化が進み，国民に広く教育が行きわたったことで，所得の平準化が進んだためだと考えられます。なお，中国では戦後から1980年頃まで特に所得格差が小さかったのですが，これは，中国の共産主義の下では生産物がかなり平等に分配されていたことによるものです。

しかし，日米中では1980年頃より所得格差が急速に拡大しています。例えば日本では，所得上位10%の所得シェアは1980年には36%でしたが，2000年には41%，2021年には44%に上昇しています。それにくらべて，フランスでは1950年から現代にいたるまで，上位10%の所得シェアは概ね30%強で，所得格差は日米中にくらべて低いレベルで安定しています。なお，イギリス以外のヨーロッパ各国では概して所得格差が小さい傾向が見られます。

上位10%の所得シェア以外に，所得格差を表すのによく使われる指標としてジニ係数というものがあります。ジニ係数の測り方については，第3.3.1節で詳しく述べますが，簡単に言えばある国において全ての人が同じ所得であればジニ係数は0，ある1人（例えば王様）だけが全ての所得を独占して他の人の所得が0のときにはジニ係数は1になります。つまり，0に近いほど所得格差は小さく，1に近いほど格差は大きいのです。

また，上位10%の所得シェアは特にトップ富裕層の所得とそれ以外の人々との格差に注目しているのとくらべると，ジニ係数は富裕層・中間層・貧困層にわたる全体的な所得の分布を見た上での格差の指標となっており，一般的にはより優れた所得格差の指標と考えられています。

図3-2は，日米英仏4か国について1995年からのジニ係数の推移を見たものです。これを見ると，日本，アメリカでは近年ジニ係数が上昇している，つまり所得格差が拡大していることがわかります。これは，図3-1で見た傾向と同じです。

しかし，フランスについては，図3-1では上位10%の所得シェアは上昇傾向にはありませんでしたが，図3-2ではジニ係数が上

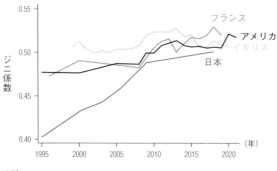

図 3-2　ジニ係数

出所：OECD.Stat

昇しています。これは，上位 10% ではなく，中間層の人々の所得
が貧困層の人々にくらべてより増加したからかもしれません。いず
れにせよ，上位 10% の所得シェアとジニ係数とでは，やや異なる
傾向が見られることには注意が必要で，所得格差を議論するときに
は 1 つの指標にこだわらず，様々な指標を見てみたほうがよいと
考えられます。

　さらに注意すべき点があります。これまで見てきた所得は，単純
に人々が労働や投資によって稼いだお金の額でした。しかし，実は
所得を得た人々は通常税金や社会保険料（健康保険や年金などに対
する支払い）を支払います。また逆に，所得の低い貧困層の場合に
は生活保護によって扶助を受けたり，引退した高齢者の場合には年
金を受給したりすることもあります。ですから，必ずしも「稼いだ
お金＝使えるお金」というわけではありません。使えるお金の金額
は，稼いだお金から税金を引いて，生活保護や年金などの移転所得
を足したもので，これを可処分所得，もしくは再配分後の所得とよ
びます。

　所得格差を考えるときには，再配分前の所得というよりも可処分
所得で考えたほうが自然です。所得税は所得の高い人ほど税率が高
く（これを累進性といいます），徴収された税金は生活保護などに
よって貧しい人の可処分所得となりますので，通常は再配分前の所
得の格差よりも可処分所得の格差のほうが小さくなっているはずで
す。

　図 3-3 は，可処分所得に基づくジニ係数を示しています。どの
国でも，再配分前の所得に基づくジニ係数よりも再配分後の可処分

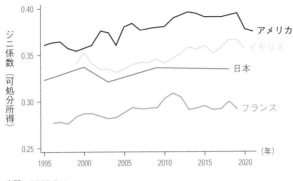

図 3-3　可処分所得に基づくジニ係数

出所：OECD.Stat

所得に基づくジニ係数のほうが低く，上昇傾向も緩やかとなっています。特に，日本は再配分前の所得によるジニ係数は 1995 年から 2010 年代後半にかけて急激に上昇していますが，再配分後にはほとんど上昇していません。フランスも同様で，再配分後のジニ係数は非常に低くなっていて，累進的な税や生活保護，年金などの再配分政策によってかなりの程度所得格差が改善されていることを示唆しています。

3.2　所得格差拡大の原因

再配分政策によって所得格差が緩和されているとはいえ，近年多くの国で再配分前の所得格差が拡大しているは事実です。これは，富裕層の所得が大きく増加しているのにくらべて，貧困層や中間層の所得が伸び悩んでいるためです。これには，様々な原因が考えられますが，その 1 つは経済のグローバル化が進んだことかもしれません。

● グローバル化の影響

特にアメリカでは，図 3-4 に示されているように，21 世紀に入って中国から衣服や電化製品などの工業製品の輸入が急増しました。これは，2001 年に中国が世界貿易機関（WTO）に加盟したことで，中国の輸入品に対するアメリカの関税が下がり，中国の製品が安く

図 3-4　日米の中国からの輸入額

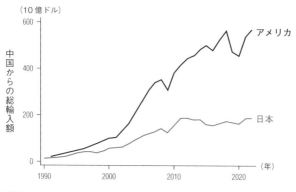

出所：UN Comtrade

輸入できるようになったからです。

　中国からの輸入が増えることで，アメリカ国内で同じ製品を作っていた企業は，賃金の安い中国との競争にさらされて，競争に負けて倒産してしまったり，中国製品に負けぬよう価格を引き下げたり，国内の工場を賃金の安い中国やそれ以外の開発途上国に工場を移転したりしました。その結果，アメリカでは特に製造業の工場で働く労働者の失業が増え，賃金が下がりました。なお，賃金がどうやって決まるかについては本章後半**第 3.3.2 節**，貿易によって国内の賃金が下がってしまうことについては**第 3.3.4 節**で詳しく説明します。

　半面，あまり中国との競争にさらされなかった人々，例えば新製品を開発するエンジニアや，製造業でも企業の海外展開を管理・運営する経営職の人々は，グローバル化のおかげでむしろ所得を伸ばしています。その原因は，経済がグローバル化することで，企業は国内だけではなく，海外でもモノやサービスを販売できるようになったことです。このとき，たくさん作ることで 1 つ 1 つの製品を作るための平均費用が安くなる規模の経済（**第 1 章第 1.4.1 節**（18 ページ）参照）が働けば，規模を拡大することで利益も拡大し，エンジニアや経営層の所得は上がっていくのです。

　ただし，規模の経済があったとしても，アメリカ国内の工場労働者の給料は上がりませんでした。なぜなら，国内の工場労働者の給料を上げるくらいなら，中国に工場を移転したり中国の企業に委託したりして製造した製品をアメリカに輸入したほうが，企業は利益を上げることができるからです。

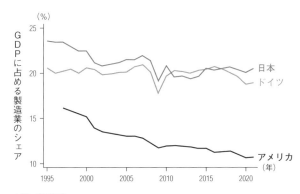

図 3-5　日米独の GDP に占める製造業のシェア（%）

出所：世界銀行，World Development Indicators

　その結果，アメリカの国内の製造業は衰退していきました。**図 3-5** によると，アメリカの GDP に占める製造業のシェアは 1997 年には 16％であったものが，2021 年には 11％に下がっています。日本やドイツにくらべても，アメリカの製造業のシェアの低さや減り方は突出しています。

　19 世紀や 20 世紀初頭のアメリカでは，デトロイトやピッツバーグなど中西部の地域が，鉄鋼業や自動車産業などの製造業の中心地帯として経済成長をけん引していました。しかし，アメリカの製造業の衰退にともなって，この地域も衰退し，ラスト・ベルト（ラストは英語で錆のことで，「錆びついた工業地帯」を意味します）ともよばれるようになったのです。ラスト・ベルトに代表される製造業の労働者は，長らくアメリカの中間層を形成していました。しかし，アメリカの世帯ごとの実質可処分所得の中央値の推移を表す**図 3-6** は，2000 年代に中国からの輸入が増加した時期に，このような中間層の所得が減少したことをはっきりと示しています。

　なお，中央値とは，全世帯の中でちょうど真ん中の世帯の所得を表します。ここで平均値を使わないのは，平均値は超富裕層の所得に引っ張られて，必ずしも中間層の所得を表さないからです。例えば，3 人の所得の平均を考える場合，その 3 人の所得が 100 万円，400 万円，1 億円だと，その平均は 3,500 万円になり，中央値の 400 万円よりもはるかに大きくなってしまいます。ですので，このような場合には平均値よりも中央値を使ったほうが，より適切に中間層の所得を表すことができるのです。

図 3-6　アメリカの可処分所得中央値

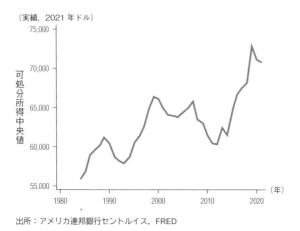

（実績，2021 年ドル）

出所：アメリカ連邦銀行セントルイス，FRED

　長期間にわたって所得を減らしたアメリカの中間層・貧困層の労働者は，グローバル化，特に中国などの新興国からの工業製品の輸入の増加が自分たちの所得減少の原因だと考えました。その結果，かれら中間層・貧困層の労働者が，2016 年に保護主義的な政策をとるトランプ大統領を生み出した原動力となったといわれています。

● 技術進歩の影響

　ただし，必ずしもグローバル化だけが所得格差の原因ではありません。もう 1 つ大きな原因だと言われているのは，最近のスキル（技能）偏向型の技術進歩です。スキル偏向型の技術進歩とは，高いスキルや技術を持った労働者，例えば研究開発に携わる技術者や大きな組織を運営する管理者が，生産活動においてより重要になるような技術進歩を指します。このような流れの中で，高いスキルを持たず単純な作業に従事する労働者は重要でなくなってきているのです。

　例えば，製造業の工場ではロボット化が進んでいます。自動車工場では，これまで人間がやっていた溶接や塗装などの細かな作業もロボットが行うようになっています。そうなると，溶接や塗装などの作業に従事していた労働者は不必要になり，その代わりにロボットを設計し，ロボットを動かすためのソフトウェアを開発し，工場で大量のロボットによる生産を管理するような，高いスキルや技術

を持った労働者がより多く必要になってきます。そのため，スキル
を持った労働者の給料は上がっていき，単純労働者の給料は下がっ
ていきます。その結果，所得格差は拡大するのです。

　今後は，ロボットに加えて，経済全般でAI（人工知能）が活用
されていくでしょう。それによって，これからは事務作業において
も単純な仕事がAIに置き換わっていくことが予想されています。
半面，研究開発や経営管理などAI単独ではできない高度な仕事に
対する需要はなくならないでしょう。ですから，AIの発展も所得
格差をますます拡大させると考えられます。

　なお，アメリカの所得格差は2001年の中国のWTO加盟と時を
同じくして拡大していきましたが，さらに注意してみると2010年
以降には所得格差の上昇は止まっているように見えます（**図3-1**・
図3-2）。可処分所得の中央値，つまり中間層の所得も，2010年代
には急上昇しています（**図3-6**）。

　これは，アメリカが安価な工業製品市場での中国との競争を乗り
越えて，情報通信技術（ICT）産業や医療産業などのハイテク分野
でイノベーション（技術革新）を起こして急成長し，その恩恵が中
間層にも浸透していったためだと考えられます。

　例えば，ICT産業の中心地であるサンフランシスコ・サンノゼを
中心とするシリコン・バレーでは，エンジニアや経営者の所得が上
がったばかりでなく，レストランや配送などのサービス産業での労
働需要も高まり，中間層・貧困層の賃金も上昇しています。ラス
ト・ベルトでも，鉄鋼などの伝統的な製造業を脱皮して，ICT産業
や医療産業に転換していく動きが見られています。そのために，直
近では所得格差の拡大が止まっているのです。

　ただし，そうは言っても，アメリカの所得格差の絶対的レベルは，
歴史的にも国際的にも非常に高いことには依然注意が必要です。

● 日本の所得格差の推移

　さて，これまでは，アメリカの所得格差の原因を中心に見てきま
したが，日本ではどうでしょうか。もちろん日本でも，中国の輸入
をはじめとするグローバル化やスキル偏向型の技術進歩によって所
得格差が拡大したことは考えられます。ただし日本では，中国から
の輸入額の増加はアメリカにくらべると小さく（**図3-4**），製造業
のシェアの減少もアメリカにくらべるとかなり小さい（**図3-5**）の

です。ですから，グローバル化の影響はアメリカにくらべれば小さかったと考えられます。また，日本ではむしろ ICT 投資が少なく（**第 1 章第 1.2 節**（9 ページ）），スキル偏向型技術進歩の影響も大きくはなかったかもしれません。

　それでも日本では，再配分前の所得で測った上位 10％の所得シェアやジニ係数が上昇しています（**図 3-1・図 3-2**）。つまり再配分前の所得の格差は広がっているのです。半面，再配分後の所得で測ったジニ係数は必ずしも上昇していません（**図 3-3**）。

　このように，再配分前後で所得格差が大きく異なるのが日本の 1 つの特徴ですが，その理由の 1 つは少子高齢化です（**図 1-4**（11 ページ））。仕事を引退した高齢者の再配分前の所得は 0 となりますが，年金を受け取っていますので，再配分後の可処分所得は 0 よりもはるかに大きくなります。だから，日本では再配分後の所得格差はそれほど大きくないのです。ですので，日本の所得格差について議論するときには，再配分前と後の格差の指標の違いを理解することが重要です。

● **非正規雇用の拡大**

　また，日本の再分配前の所得格差が拡大しているもう 1 つの原因は，非正規雇用の拡大です。日本では，正規労働者（正社員）とパートやアルバイト，派遣社員といった非正規雇用による社員の待遇の差が顕著です。

　2020 年度の厚生労働白書（図表 1-3-24）によれば，正社員と正社員ではない短期労働者の賃金には約 1.8 倍の開きがあります。また，正社員を解雇することは，労働契約法の下で人員整理の必要性，解雇回避の努力の履行など多くの要件を必要とします。しかし，非正規労働者は期間を定めて雇用していることも多く，契約を更新せずに雇止めすることには一定のルールがあるものの，非正規労働者の雇用を停止することは正社員を解雇するよりは比較的簡単なのが実情です。

　日本企業は，1990 年のバブル経済崩壊後の長期的経済停滞の中で，新しく労働者を雇う場合に，不況下でも解雇しにくく給与の高い正社員を雇うよりも，融通が利いて給与が低い非正規労働者を雇ったほうが効率的だという判断をしたわけです。それによって，非正規社員の割合は 2000 年代，2010 年代に急激に上昇しました（**図**

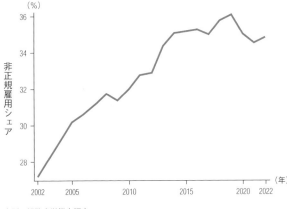

図 3-7　日本の非正規労働者の割合

出所：総務省労働力調査

3-7）。このことも日本の所得格差拡大の要因になったと考えられます。

　もう 1 つ日本の特徴といえるのは，全ての所得階層における所得の減少です。**第 1 章の第 1.1 節の図 1-3**（9 ページ）は，所得上位20％，中間値，下位 20％の実質世帯所得の推移を表しています。1990 年代初頭のバブル経済崩壊以来，日本では 30 年にわたってほとんどの所得階層で実質世帯所得が減っていっているのです。これは，アメリカでは 2000 年代には減少していた中間層の所得が，2010 年代には増加に転じた（**図 3-6**）のとは大きく異なります。このことは，現代の日本経済では，どのように非正規雇用を減らしていくかなどの所得分配の問題は重要でありつつも，国内所得全体をどう増やすかがより重要であることを示唆しています。

3.3　ミクロ経済学・労働経済学のツール

3.3.1　所得格差の指標−ジニ係数−

　この節では，所得格差を示す代表的な指標であるジニ係数の測り方を説明します。そのためには，まずローレンツ曲線というものを説明する必要があります。ローレンツ曲線とは，**図 3-8** の OCA で

図 3-8　ローレンツ曲線

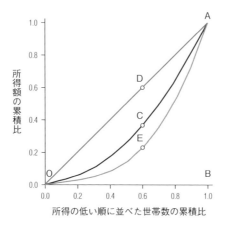

表されるような曲線で，所得の低い順に並べた世帯数（人数）の累積比（累積世帯数÷全世帯数）とその所得額の累積比（累積所得額÷全所得額）との関係を表したものです。例えば，点 C は横軸が0.6，縦軸が 0.36 ですが，これは所得の下位 60％の世帯の所得を全て合わせると，全所得の 36％であることを表しています。ローレンツ曲線は，全世帯の所得額のデータを基に，全ての世帯数累積比と所得額累積比を表す点をつなぎ合わせたものです。

　もし，全ての世帯が同じ所得であれば，ローレンツ曲線は直線ODA となります。逆に，所得格差が大きいほど，ローレンツ曲線は下に下がります。例えば，OCA と OEA をくらべると，OEA のほうが所得格差は大きいといえます。

　ローレンツ曲線が OCA の場合には，ジニ係数は OCADO で表される領域の面積を三角形 OBA の面積で割ったものとして定義されます。ですから，所得格差が全くなく，ローレンツ曲線が ODA となる場合には，ジニ係数は 0 となります。もしたった 1 世帯が全ての所得を牛耳っていたとすると，ローレンツ曲線は OBA となり，ジニ係数は 1 となります。つまり，所得格差が大きければ大きいほど，ジニ係数は 1 に近づきます。

　このように，ジニ係数は世帯所得の分布全体を考えた上で所得格差を指標化したものです。ジニ係数以外によく使われる所得格差の指標には，上位 10％（もしくは 1％）の所得シェアがありますが，これは図 3-8 では，横軸が 0.9 のときの縦軸の値を 1 から引いた

図 3-9　様々なローレンツ曲線

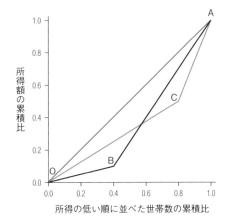

ものであり，ローレンツ曲線全体の形状は考慮していません。その意味では，ジニ係数のほうが上位 10%の所得シェアよりも，所得格差についてより多くの情報を使った指標であるといえます。

　ただし，ジニ係数が同じでも，ローレンツ曲線は様々な形があります。例えば，図 3-9 で，2 つのローレンツ曲線 OBA と OCA によるジニ係数は同じになります。しかし，OBA では下位 40%の人の所得レベルが低い半面，上位 60%の人々の間では所得格差は比較的小さくなっています。逆に，OCA では上位 20%の所得レベルが非常に高い半面，下位 80%の間では所得格差が比較的小さくなっています。

　このように同じジニ係数であっても，必ずしも所得分布が同じになっているわけではないことには注意が必要です。

3.3.2　賃金はどうやって決まるのか

　第 3.2 節で，高いスキルを持つエンジニアや管理職の人々の所得とスキルの低い非熟練労働者・単純労働者の所得の差が大きくなってきていることが，所得格差拡大の一因であると述べました。この節では，そもそも人々の賃金（労働所得）がどのように決まっているかを説明した上で，所得格差の原因を理論的に明らかにします。

　賃金は，基本的には労働需要関数と労働供給関数で決まると考えられます。労働需要関数とは，ある賃金水準の下で，企業が労働者

をどれだけ需要するか，つまりどれだけ雇用したいかを表す関数です。労働供給関数とは，ある賃金水準の下で，人々がどれだけ労働を供給したいか，つまりどれだけ働きたいかを表す関数です。

● **企業の労働需要関数**

労働需要関数は，企業が利潤を最大化しようとする行動によって決まります。例えば，ある企業の経営者が労働者を1人増やすべきかどうかを考えているとしましょう。このとき，もし労働者を新しく雇うことで，その賃金より少しでも大きな価値の生産（厳密には付加価値生産額＝売上高－原材料・部品の費用）ができるならば，その企業の利潤は増加しますので，経営者は労働者を増やすでしょう。**第1章の第1.4.1節**（18ページ）で，労働者を1人増やすことで増加する生産量を労働の限界生産物とよぶことを学びました。この言い方を使えば，労働者の賃金よりも労働の限界生産物が少しでも大きいときに，企業はさらに労働者を雇うと考えられます。

例えば，**第1章の第1.4.1節**で用いたラーメン店の例では，1人だけが働いているときには，ラーメンを1日30杯作れました。ラーメン1杯は800円で，原材料に300円かかりますから，その付加価値生産額で測った限界生産物は500円で，30杯分だと500×30＝15,000円です（**表3-1**の（1）の列）。ですから，ラーメン店の経営者（自分ではラーメンを作らず人を雇って作らせる経営者）が，最初の1人を雇うかどうかを決めるとき，その日給が15,000円以下であれば雇うでしょうし，15,000円以上であれば雇わないでしょう。

なお，日給が15,000円ぴったりの場合には，賃金と限界生産物が等しくなりますので，ラーメン店の経営者にとっては1人雇っても雇わなくても自分の利益は同じです。ただ，今後の説明を簡潔

表3-1　労働者数・生産額・限界生産物

	(1)	(2)	(3)
労働者	1人	2人	3人
生産量	30杯	50杯	60杯
生産額	15,000円	25,000円	30,000円
限界生産物	15,000円	10,000円	5,000円

にするために，賃金と限界生産物が同じ場合には企業は人を雇う判断をすると考えましょう。

さらに，経営者はもう1人雇って2人でラーメンを作らせるかどうかを考えます。もう1人雇うことでラーメンを1日計50杯作れますから，1人のときよりも20杯多く作ることができる，つまり金額にして10,000円の限界生産物を生産することができます（**表3-1**の（2）の列）。ですから，労働者の日給が10,000円以上であれば，このラーメン店はもう1人は雇わないでしょうし，10,000円以下であれば雇うでしょう。

経営者が，さらにもう1人雇うかどうかを考えるとします。もう1人雇うと，計3人でラーメンを60杯作れますので，限界生産物は10杯分，金額にして500×10＝5,000円となります（**表3-1**の（3）の列）。ですので，日給が5,000円以下であればさらに1人雇いますが，5,000円以上であれば新しく雇うことはせずに，2人でラーメンを作るでしょう。

ですから，日給が15,000円のときにはこのラーメン店の経営者が需要する（雇いたいと思う）労働力は1人，日給が10,000円のときには2人，5,000円であれば3人ということになります。つまり，ある賃金の下では，企業は

賃金＝労働の限界生産物

となるだけ労働力を需要するのです。これを図に表したのが，**図3-10**です。つまり，賃金が上がれば上がるほど労働需要は減るという関係が成り立っています。この関係を労働需要関数とよび，それを図に表したときには労働需要曲線とよびます。なお，**図3-10**では労働需要曲線は曲線ではなく直線として書かれていますが，これは図をわかりやすくするためであり，一般的には曲線となります。

簡単に言えば，労働需要関数では，ある一定の労働力の下での労働の限界生産物と賃金が等しいことから，労働力と賃金の関係が導かれています。ですから，労働需要関数が右下がりになっているのは，労働力が大きいほど労働の限界生産物が小さくなるという限界生産物逓減の法則が成り立っている（**第1章第1.4.1節**），言い換えれば現在たくさん雇っているほどさらに雇った労働者による生産の増加が少なくなるからです。

さらに，市場経済においては，ラーメン店の経営者は雇う労働者

図 3-10　ラーメン屋の労働需要関数

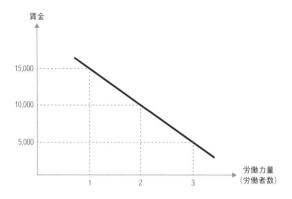

の数は決められますが，賃金を決めることはできません。いくらラーメン屋の経営者が日給 3,000 円で労働者を雇いたいと思っても，他の同じようなラーメン店や飲食店が日給 10,000 円を出すのが普通であれば，日給 3,000 円で募集しても人は来てくれません。つまり，労働者の賃金は市場によって決まっており，経営者はそれを受け入れるしかないのです。

　現実には，そのラーメン店が秘伝のレシピを持っているとか，駅から近いからとかいった理由で，比較的安い賃金でも働きたがる人がいることもあり，どのラーメン店も完全に同じ賃金を支払っているわけではありません。しかし，同じ条件であればおおよそ同じ賃金を払っているはずです。

　ですから，各企業にとってどれだけ労働者を雇うかは，市場で決まっている賃金と自社における労働の限界生産物に基づく労働需要関数とで決まります。例えば，上の例のラーメン店の経営者は，市場の賃金が 10,001 円から 15,000 円の間であれば 1 人，5,001 円から 10,000 円であれば 2 人，5,000 円以下であれば 3 人雇うことになります。

● 経済全体（マクロ）の労働需要関数

　これまでは，1 つの企業に焦点をあてて考えました。同様に，労働市場では，各企業の労働需要関数を統合した経済全体（マクロ）の労働需要関数が成り立っていると考えられます。しかも，マクロの労働需要関数は，経済全体で 1 つだけ存在しているというよりも，

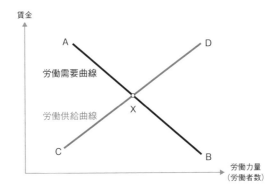

図 3-11　経済全体の労働需要曲線と労働供給曲線

職種や労働者の技能レベルによって様々に存在していると考えるべきでしょう。例えば，単純労働者とエンジニアとでは労働需要のあり方は異なるはずです。

　ここでは，まずある特定の職種，ある特定の技能レベルの労働者に対する経済全体の労働需要関数を考えましょう。経済全体で考えても，賃金はその職種・技能レベルの労働者の限界生産物と等しくなるはずです。なぜなら，賃金が限界生産物よりも高ければ，どんな企業もその職種・技能レベルの労働者を新しく雇おうとはしないはずだからです。ですので，限界生産物逓減の法則によって，経済全体の労働需要関数も賃金と労働力量が負の相関関係を持ち，**図3-11** の線 AB のように右下がりの曲線となります。

● **労働供給関数**

　次に，経済全体の労働供給関数はどのように決まるのでしょうか。労働者から見れば，賃金が高ければ高いほど，よりたくさんの人々が働きたいと思うのが普通です。例えば，小さい子供がいる人であれば，あまり賃金が低ければ働かずに子育てに専念するかもしれませんが，賃金が十分に高ければ苦労してでも働きながら子育てをしようと思う人もいるでしょう。ですから，労働供給関数では賃金と労働供給は正の相関関係を持ち，これを図に表した労働供給曲線は，**図 3-11** の線 CD のように右上がりとなります。

　ミクロ経済学理論では，このような労働供給は，人々が効用（幸福度）を最大化しようとする行動によって決まっていると考えます。

つまり，人々は労働によって収入を得て，その収入で様々な消費をすることで効用を上げますが，労働することが苦痛であれば，労働によって効用が下がってしまいます。

　ですから，人々は例えば1時間余分に労働を行うかどうかの意思決定をするときに，余分な労働をすることの苦痛によってどれだけ効用が下がってしまうのか，逆に余分な労働を行うことによって得られる収入でどれだけ効用を上げることができるかを考えるはずです。このような効用の増減分を，限界効用とよびます。

　その上で，労働による効用の減少分（負の限界効用）よりも労働による効用の増加分（正の限界効用）が上回ったときに，人々はさらに労働しようとするはずです。賃金が高ければ高いほど，労働による効用の増加分は大きくなりますから，さらに労働をしたいという人も増え，労働供給も増えるのです。

　ただし，逆に賃金が高くなるほどむしろ労働供給が減ることもありえます。これは，賃金が高くなることで少し働けば十分に暮らしていけるだけの所得が得られるために，労働者がむしろ労働時間を減らす場合です。このような賃金が所得の増加を通じてむしろ労働供給を減らす効果を，労働供給における所得効果といいます。とは言え，現実にはよほど賃金が高くないと所得効果が大きく働くことはありません。その結果，一般的には賃金と労働供給量との間にはプラスの関係があり，労働供給曲線は右上がりだと考えて差しつかえありません。

● 労働市場の均衡

　以上のように，企業の意思決定によって，ある賃金の下ではどの程度労働が需要されるかが決まり，人々の意思決定によって，ある賃金の下ではどの程度労働が供給されるかが決まっています。労働市場で最低賃金や雇用に対する規制が全くないとすれば，市場経済では，賃金と労働力量は労働需要と労働供給が一致するところで決まります。このように需要と供給が一致している状態を均衡とよびます。図3-11では，線ABとCDが交わる点Xで，均衡における賃金と労働力量が表されています。

● 技能別の労働需要関数と均衡

　労働者の賃金がどのように決まるかがわかったところで，どうし

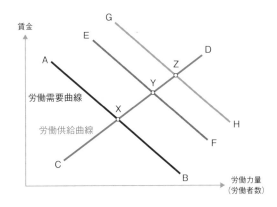

図 3-12　スキル別の労働需要関数

て第 3.2 節で述べたように高技能労働者と単純労働者との賃金の格差が拡大しているかについて考えてみましょう。すでに述べたように，労働需要関数は職種や技能レベルによって異なると考えられます。これは，労働需要は賃金と労働の限界生産物で決まっていますが，職種や技能レベルによって労働の限界生産物が異なるからです。

　一般的に，高技能労働者は単純労働者にくらべてより高い付加価値を生産でき，労働の限界生産物もより大きい傾向にあります。ですので，企業はより多くの付加価値を増産してくれる高技能労働者に高い賃金を払います。

　図 3-12 では，線 AB が単純労働者の労働需要関数を，線 EF が高技能労働者の労働需要関数を表しています。AB よりも EF のほうが上方にありますが，これは現在同じだけ労働者が働いているときには，AB のほうが EF よりも限界生産物が小さく，賃金も低いことを示しています。

　もし，高技能労働者も単純労働者も同じ労働供給関数を持つならば，単純労働者の均衡は図 3-12 の点 X，高技能労働者の均衡は点 Y で表されます。その結果，高技能労働者のほうが賃金が高いということになるのです。

　しかも，スキル偏向型の技術進歩によって，高技能労働者の限界生産物はますます向上していく半面，単純労働者の限界生産物は停滞しています。すると，高技能労働者の労働需要曲線は図 3-12 の EF よりもさらに上方の GH へとシフトしていきます。その結果，均衡は Y から Z に変わり，高技能労働者の賃金は増え，雇用も増

えていきます。しかし，スキル偏向型の技術進歩によっては，製造業の工場労働者などの単純労働者に対する労働需要曲線 AB は上にシフトしていかず，賃金も雇用も増えません。これが，アメリカにおける中間層の所得の停滞や所得格差の拡大の一因となったのです。

　なお，厳密には労働供給曲線もスキルごとに異なるかもしれません。例えば，単純労働と高技能労働とで，労働時間を増やすことによる苦痛の度合いが違えば，労働供給曲線も違ってきます。しかし，ここではそこまでは考慮していません。

● サプライチェーン・バリューチェーン

　このことを別の角度から考えてみましょう。モノやサービスを生産して販売する過程を，付加価値（バリュー）をつけていくためのつながり（チェーン）という意味でバリューチェーンとよびます。これは，素材から部品，部品から最終製品を製造していく過程を表すサプライチェーンを拡大した概念です。バリューチェーンにおいては，様々な事業とそれに付随した職種があります。最近，バリューチェーンのどこに位置するかでその職種の付加価値生産，ひいては賃金が変わってくるということがよく言われます。

　例えばアップル社の iPhone のバリューチェーンについて考えてみましょう。iPhone を生産するには，まず新機種の開発やデザインをする必要があります。図 3-13 に示すように，このような研究開発，商品開発，デザインなどの事業がバリューチェーンの最上流です。製品が開発されれば，その製品を生産するために，容器やディスプレイ，搭載する電子部品などの素材や部品を生産します。素材や部品にも，限られた企業しか生産できない特殊なものもあれば，多くの企業が生産可能な汎用性のあるものもあります。さらに次には，これらの部品を組み立てて製品を生産する工程があります。最下流は製品の製造後の段階で，iPhone を売るためのマーケティングやブランド戦略，修理や問い合わせ対応などのアフターサービスなどがあります。iPhone の場合には，さらに iCloud や iMusic などの付随したサービスを行っています。これらの最下流の工程では，スマートフォンなどを利用して収集した大規模なデータを分析して行われることが増えています。

　このようなバリューチェーンの中で，付加価値生産が大きい工程は，最上流の研究開発などと最下流のマーケティングなどです。半

図3-13　バリューチェーンとスマイルカーブ

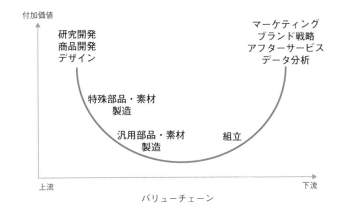

面，汎用部品の製造や組み立てなど，製造業の生産において中核を担っていたバリューチェーンの中ほどの工程では，付加価値生産が大きくありません。この関係を図に表すと**図3-13**のようになり，この曲線は笑っている口元のように見えることから，スマイルカーブとよばれています。

　iPhoneの場合には，新機種の開発やデザインやマーケティング戦略の立案，iCloudなどのサービスの開発を，主にアメリカの本社や研究所で行います。しかし，製品の製造は主に中国や台湾などの委託先企業で行い，製品をアメリカにもその他の国にも輸出します。しかし，iPhone販売による利益の多くは，製造を担う委託先企業ではなく，アップル社の手に渡ります。これはまさにスマイルカーブが示すように，開発やデザインなどの上流とアフターサービスの下流での事業が，中流の製品の製造よりもはるかに大きな付加価値を生むからです。

　このように，研究開発やマーケティング戦略を担うのは高技能労働者で，製造を担うのは主に単純労働者であるため，両者の賃金の格差が大きくなっていることは，スマイルカーブにも示されています。

3.3.3　失業はなぜ起きるのか

　これまでの理論では，労働需要曲線と労働供給曲線が交わってい

図 3-14　完全失業率（対労働力人口比%）

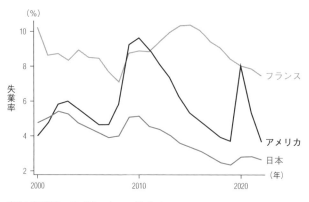

出所：世界銀行，World Development Indicators

るところで均衡が決まると考えました（**図 3-11** の点 X）。この場合には，均衡の賃金の下では企業が雇いたいと思う労働力量と人々が働きたいと思う労働力量が一致していますので，働きたいにもかかわらず働けない失業者は発生しません。

　しかし，現実には失業は発生しています。**図 3-14** は，日米仏の完全失業率，つまり働きたいと思っている人のうち失業している人の割合を示しています。歴史的に日本の失業率は世界各国の中では比較的低く，また低下傾向にもありますが，それでも働きたい人の2%以上が働けないという状況です。

　これはなぜでしょうか。1 つの説明は，賃金が硬直的であり，なかなか変化しないことです。例えば今，**図 3-15** で労働需要曲線がAB で，労働供給需要曲線が CD で表されていて，均衡はその交点 X となっているとします。すると，均衡の労働力は L_1 で，賃金は w_1 となり，失業は発生していません。

　しかし，例えばコロナ禍のように世界的な景気後退が起きて，同じ賃金でも企業がこれまでよりも少ない労働者しか雇いたくないと考えたとします。これによって，労働需要曲線が図の EF にシフトしたとしましょう。すると，本来の均衡は点 Y となり，労働力量は L_2 に，賃金は w_2 に下がるはずです。

　ところが，現実の経済では賃金を下げることはそう簡単ではありません。第 1 の理由は，法的な問題です。労働契約法では，企業が一方的に賃金を下げることは認められてはおらず，原則として労

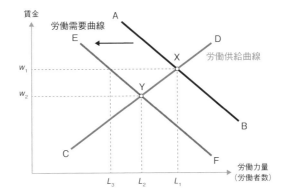

図 3-15　失業の仕組み

働者の合意を得る必要があり，例外的に認められる場合にも，業績が大きく悪化したが賃下げ以外の対処が効果的でなかったなど，合理的な理由が必要となります。また，労働組合がある場合には，労働組合の合意が必要となってきます。

　第 2 の理由は最低賃金です。日本では，都道府県別および産業別に最低の時間給が決まっており，それ以下の賃金を設定することはできません。ですから，もし図 3-15 の賃金 w_2 が最低賃金を下回っていれば，企業はその水準まで賃金を下げることはできません。

　第 3 に，企業自身が賃金を下げたがらないという考え方があります。なぜなら，市場の均衡の賃金よりも高い賃金を払うことで，企業は労働者に働く上でのモチベーションを与えることができるからです。そうすれば，労働者は一生懸命働いてくれて，その高い賃金に見合っただけの利益を上げてくれるかもしれません。このように生産の効率を上げるために支払われる高い賃金を効率賃金といいます。

　また，コロナ禍のように短期的な景気停滞では，安易に賃金を下げて雇用を減らしてしまっては，景気が戻ったときに労働者のモチベーションが低くなってしまって，十分に景気拡大に対応できなかったり，企業の評判が悪くて新規雇用や再雇用が難しくなったりしてしまいます。ですから，企業は長期的な利益を考えて賃金や雇用を維持することがあります。

　このような理由から，図 3-15 のように労働需要曲線が左にシフトしたとしても，賃金はもとの w_1 にとどまるとしましょう。する

と，その賃金をもらえるなら L_1 だけの労働者が働きたいと思いますが，企業は L_3 だけしか雇ってくれません。ですから，その差の L_1-L_3 だけの労働者が失業することになります。

　失業者が存在しているもう1つの説明は，職探しはそう簡単ではないという単純なものです。単純な理論モデルでは，市場では全ての人々や企業が素早く意思決定をして，瞬時に均衡が達成されることになっていますが，実際には労働者が希望に合った企業を見つけるのも，企業が希望に合った労働者を見つけるのも時間と手間がかかります。このような時間や手間を含めた費用をサーチ・コストとよびます。

　サーチ・コストがあれば，働きたいと思っているのに今は職探しをしていて働いていない人がいるのは避けられません。このような理由で起きる失業を摩擦的失業とよびます。現在の日本では失業率が2%程度ですから，そのほとんどは摩擦的失業で説明ができる可能性があります。一方，フランスのように8%程度の高い失業率は摩擦的失業だけでは説明が難しく，賃金の硬直性がその理由の1つになっていると考えられます。実際，フランスをはじめヨーロッパ諸国では労働者の権利が強く，賃金が硬直的であることが知られています。

3.3.4　貿易が国内の賃金水準に及ぼす影響 – 国際経済学 –

　第3.2節で，アメリカが中国と貿易することで，アメリカの単純労働者の賃金が中国の単純労働者の賃金に引き寄せられて伸び悩んだことを述べました。このように，国際貿易を行うことで，先進国と開発途上国とで同じような生産を行っている労働者の賃金が同じ程度になってしまうことは，国際貿易論のストルパー・サミュエルソンの定理とよばれる有名な理論によって示されています。

　洋服や自動車，コンピュータのように国境を越えて取引できる工業製品を貿易財といいます。貿易財は，関税などの貿易障壁がなければ世界各国でだいたい同じ値段になります。もし先進国での洋服の値段が途上国にくらべて高ければ，途上国で洋服を安く買って先進国に輸出して，それを高く売って儲けようとする人がたくさん現れます。それによって，先進国市場にたくさんの洋服が出回りますから，競争によって洋服の値段は下がり，最終的には途上国と同じ

値段になるのです。

　洋服の値段が下がれば，先進国の洋服製造会社は従業員にこれまで通りの給料を払うと，利益が上がらずに倒産してしまいます。ですから，経営者は労働者の給料を下げざるをえません。利益を出すためには，途上国で洋服を作る労働者の安い給料のレベルにまで下げざるをえないのです。

　この論理を，前節の賃金決定の理論を使ってより厳密に説明してみましょう。例えば，先進国でも途上国でも，企業は従業員を1人増やすことで，洋服を1日の3着多く生産できるとします。もし先進国で途上国からの輸入がなければ，洋服1着5,000円で売れるとします（説明を簡単にするために，中間財については無視します）。すると，先進国の企業の労働の限界生産物は金額にして5,000×3＝15,000円で，労働者の賃金は15,000円となります。途上国では，洋服1着2,000円だとしましょう。すると，途上国では洋服工場の労働者の賃金は6,000円となります。

　ここで，途上国から先進国への洋服の輸出が始まり，その結果先進国での洋服の価格が途上国と同様に2,000円に下がったとしましょう。すると，賃金は労働の限界生産物で決まっていますので，先進国の賃金も洋服3着分の6,000円に下がってしまいます。

　このように，貿易の自由化とともに，途上国の安い賃金に引き寄せられて，先進国の単純労働者の賃金が下がってしまうというのがこの理論の主張です。この理論の重要なのは，労働者は国境を超えて働くことができず，国際労働市場の自由化がないとしても，このようなことが起きると結論づけている点です。国際労働市場が自由化されて，途上国の労働者が直接先進国で働けるようになれば，両者の賃金が同じになることは簡単に理解できます。しかし，そうではなくて，製品の貿易が自由化されるだけでも，労働市場の自由化と同じような影響があるのです。

　また，先進国の単純労働者の賃金が下がってしまうもう1つの理由は，外国直接投資によるものです。例えば，日本の企業が安い賃金を求めて途上国に工場を移転することを考えましょう。いわゆる産業の空洞化です。このとき，国内の工場が閉鎖されたり縮小されたりすることがあるので，工場労働者に対する需要が減ってしまいます。工場労働者の需要が減れば，その賃金は安くなります。

　ただし，実際には必ずしもこのような理論通りにはなっていませ

ん。同じ工場労働者でも，先進国と途上国では賃金がかなり違うのが実情です。これは，同じ工場労働者でもその技能に差があり，限界生産物が異なることが１つの原因です。また，グローバル化が進んだとはいえまだまだ関税などの貿易障壁が残っており，貿易財であっても各国の価格は必ずしも同じでないこと，労働組合や最低賃金などの制度によって賃金が限界生産物によってのみ決まっているわけではないことなども原因です。産業の空洞化にしても，実際には必ずしも空洞化が起きているわけではないという実証研究の結果もあります。

　とは言え，アメリカをはじめとする先進国において，開発途上国や新興国からの輸入品によって，単純労働者の賃金が高技能労働者の賃金にくらべて停滞しているということは言えそうです。

《本章のまとめ》

- アメリカをはじめとする一部の先進国では国内の所得格差が拡大している。
- その理由として，開発途上国からの工業製品の輸入の増加とスキル偏向型の技術進歩がありえる。
- 日本では少子高齢化のために再配分前の所得格差は高いが，年金の支払いなどを考慮した再分配後の所得格差はそれほど高くない。とはいえ，非正規労働者の増加は所得格差の原因となっている。

《本章で学んだ経済学のツール》

ジニ係数：所得格差の指標。

労働需要関数：賃金と企業による労働需要量の関係。企業の利潤最大化によって，「労働の限界生産物＝賃金」で決定される。高技能労働者の労働需要関数のほうが，単純労働者よりも右上方にある。

労働供給関数：賃金と労働者による労働供給量の関係。労働者の効用最大化によって，「労働で得た所得増によるプラスの限界効用＝労働のつらさによるマイナスの限界効用」で決定される。

労働市場の均衡：労働需要関数と労働供給関数の交点で決まる。

失業：賃金が硬直的で下がりにくいときに起きる。

ストルパー・サミュエルソンの定理：貿易によって，先進国の貿易財製造企業の単純労働者の賃金は，開発途上国の賃金に等しくなる。

より深い理解のための参考文献

【ミクロ経済学（初級）教科書】
- 島田剛（2023），『ミクロ経済学への招待』，新世社
  実例が豊富なミクロ経済学の入門書。

【ミクロ経済学（中級）教科書】
- 神取道宏（2014），『ミクロ経済学の力』，日本評論社
  ゲーム理論で世界的な研究者であり，講義の面白さにも定評のある著者による中級の教科書。

【労働経済学（中級）教科書】
- 川口大司（2017），『労働経済学－理論と実証をつなぐ－』，有斐閣
  日本の事例とデータをふんだんに使った労働経済学の中級の教科書。

【一般書】
- オデッド・ガロー（2022），『格差の起源－なぜ人類は繁栄し，不平等が生まれたのか－』，NHK 出版
  書名にある格差の起源だけではなく，長期的な経済成長についても，理論と歴史をもとにわかりやすく書かれた圧巻の書。
- 川口大司編（2017），『日本の労働市場－経済学者の視点－』，有斐閣
  日本の代表的な労働経済学者のグループが，様々な視点から日本の労働問題について解説している。やや専門的。

4 経済の均衡は どうやって決まるのか？
－ミクロ経済学－

　これまで，日本の経済停滞と世界的な所得格差の拡大という2つのトピックに関連して，経済学を使ってその原因を探ってきました。それによって，ある程度経済学の考え方がわかってきたのではないでしょうか。そこでこの章では，標準的なミクロ経済学のツールをまとめることで，読者の頭の整理を試みます。

　本章の**第4.1-4.2節**では，これまでふれてこなかった人々の消費行動の決定に関する理論を解説します。この消費行動の分析を，**第1章の第1.4.1節**（18ページ）や**第3章の第3.3.2節**（51ページ）で説明した企業の行動に関する分析と組み合わせて，経済全体の均衡がどのようにして決まるのかを**第4.3節**で説明します。それを踏まえて，**第4.4節**では，市場経済で得られた均衡が社会にとって最適なのか，どのようなときに政府の介入が社会をよりよくするのかを考察します。最後に，**第4.5節**では，それまでとは異なる分析アプローチをとるゲーム理論について解説します。

4.1　人々は合理的に消費パターンを選択している

　人生は選択に満ち溢れています。大学でサークル活動をがんばるか，学業中心でいくか。どんな会社に就職するか。今つきあっている人にプロポーズするか。そして今日のランチはどうするか。様々な意思決定をしなければなりません。

　標準的な経済理論では，個人は一定の嗜好を持ち，その嗜好に基づいて自分の効用（幸福度・満足度）を最大化するために意思決定することと考えられています。言い換えれば個人は合理的に行動していることが前提になっています。また，このような人々をホモ・エコノミカス（経済人）とよびます。

表 4-1 　チャーハンとラーメンの効用

	(1) ラーメン 2 杯	(2) ラーメン 1 杯 チャーハン 1 杯	(3) チャーハン 2 杯
1 杯目のラーメン	10	10	
2 杯目のラーメン	7		
1 杯目のチャーハン		9	9
2 杯目のチャーハン			6
効用の総和	17	19	15

　例えば，あなたが昼食を食べるためにラーメン店に入ったとしましょう。あなたはおなかがすいていて，しかも給料日だったので，ラーメンを 2 杯食べるつもりでやってきました。しかし，メニューを見るとチャーハンもおいしそうです。ラーメンもチャーハンも同じ 700 円です。チャーハンも好きなのですが，ラーメンほどではありません。あなたは迷った挙句に，結局ラーメンとチャーハンを 1 杯ずつ注文しました。

　なぜでしょうか。それは，あなたがラーメン 2 杯食べるよりも，はたまたチャーハン 2 杯食べるよりも，ラーメンとチャーハンを 1 杯ずつ食べるほうが満足できる，つまり効用が高いと考えたからにほかなりません。

　このことを，効用の高さ（満足度）を数値化することで考えてみましょう。例えば，ラーメン 1 杯食べたときに，10 の効用が得られる（レベル 10 の満足が得られる）としましょう。しかし，さらにもう 1 杯ラーメンを食べても 10 の効用は得られません。だんだん飽きてくるので，例えば 7 の効用しか得られないのです。ですから，合計の効用は 17 となります。表 4-1 の (1) の列は，そのことを表しています。チャーハン 1 杯食べたら 9 の効用が得られますが，2 杯目のチャーハンからは 6 の効用しか得られず，合計 15 の効用が得られます（(3) の列）。

　しかし，最初にラーメン 1 杯食べて 10 の効用を得た後，チャーハンに切り替えると味変の効果で 9 の効用が得られます。ですから，合計の効用は 19 となり，チャーハン 1 杯もしくはラーメン 1 杯食べるよりも，大きな効用が得られるのです（(2) の列）。だからこそ，あなたはラーメン好きなのにラーメンとチャーハンを 1 杯ずつ食べることを選んだのです。

　第 3 章の第 3.3.2 節でふれましたが，2 杯目のラーメンから得ら

れる効用のように，１単位の追加的な消費から得られる効用を限界効用といいます。１杯目のラーメンから得られる効用よりも２杯目のラーメンから得られる効用のほうが小さいというように，消費すれば消費するほど限界効用が小さくなっていくことを，限界効用逓減の法則といいます。言い方を変えれば，この法則が働いているときには，消費を２倍にしても効用は２倍未満にしかなりません。その結果，限界効用が逓減する場合は，上の例のように，人々はラーメンだけを消費したり，チャーハンだけを消費したりするのではなく，どちらもほどほどに消費することを選ぶことが多いのです。

「いやいや，私は絶対ラーメン２杯派だ」という人もいるでしょう。むろん，限界効用逓減の法則といっても物理法則のように宇宙の真理として決まったものではなく，経験的に多くの場合に成り立っているだけで，例外はありえます。もし，ラーメンを２杯食べれば１杯のときより２倍以上幸せになれる人は，ラーメンとチャーハン１杯ずつよりもラーメン２杯を選ぶわけです。

しかし，ラーメン２杯派が存在しているのは，ラーメンとチャーハンがある意味似通った消費財であるからだともいえます。もう少し消費の範囲を広げて，スマホ（アプリも含む），外食，衣服（ファッション）の選択を考えれば，人によって何を多く消費するかの違いはあれども，所得の全てをスマホ代だけ，外食代だけ，もしくは衣服代だけに使う人はほとんどいなくて，誰もが３種類を混ぜて消費しているはずです。ですから，一般的には限界効用逓減の法則が成り立っていると考えてもよいでしょう。

現実には，人々はいちいち効用を数字で計算して，消費パターンを決定しているわけではありません。しかし，人々はそれぞれの選択肢から得られる効用を直観的に判断した上で，最も効用の高いものを選ぶ，つまり合理的に意思決定をしているというのが，標準的な経済理論のスタンスなのです。

4.2　消費パターンは価格によっても決められる

前節では，人々の嗜好によって消費パターンが決められることを学びました。しかし，むろん消費パターンは価格によっても変化します。この節ではそれについて考えていきましょう。

表4-2　100円のジュースと50円のチョコの消費パターン

	(1)	(2)	(3)	(4)	(5)
(A) ジュースの消費量	0	1	2	3	4
(B) ジュースから得られる効用	0	10	17	22	25
(C) チョコの消費量	8	6	4	2	0
(D) チョコから得られる効用	25	22	17	10	0
(E) 効用の総和	25	32	34	32	25

図4-1　ジュースとチョコの効用関数

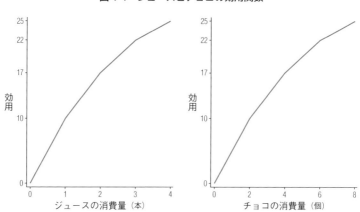

いま，あなたは400円持っていて，ジュースとチョコを買おう
としているとします。ジュースは1本100円，チョコは1個50円
です。このとき，**表4-2**の（1）～（5）の列で示されているように，
チョコ8つにジュース0本，チョコ6つにジュース1本など5つ
の消費パターンがありえます。

　また，ジュースとチョコの消費から**図4-1**のような効用が得ら
れるとします。何も消費しないと効用は0ですが，ジュースを1
本飲むと10の効用が得られ，2本飲むと17の効用が得られます。
つまり，最初の1本の限界効用は10で，次の1本の限界効用は
17−10＝7となります。3本目の限界効用は5，4本目は3となり，
限界効用が逓減していくことが表されています。チョコについては，
2個ごとに同様の効用が得られます。なお，このような消費量と効
用の関係を効用関数といいます。

　すると，**表4-2**の5つの消費パターンのそれぞれについて，ジ
ュースとチョコの消費から得られる効用の和がいくらになるかがわ

表4-3　100円のジュースと100円のチョコの消費パターン

	(1)	(2)	(3)	(4)	(5)
(A) ジュースの消費量	0	1	2	3	4
(B) ジュースから得られる効用	0	10	17	22	25
(C) チョコの消費量	4	3	2	1	0
(D) チョコから得られる効用	17	14	10	6	0
(E) 効用の総和	17	24	27	28	25

かります。表の（B）と（D）の行にそれぞれジュースとチョコに
よる効用が，（E）の行に効用の総和が示されています。このとき，
効用の総和が最も大きいのは（3）の場合となり，効用を最大化す
るために，あなたはジュースを2本，チョコを4個消費すること
を選択するでしょう。

　さてここで，チョコが値上がりして1個100円になったとしま
しょう。すると，**表4-3**の5つの消費パターンがありえます。こ
のとき，効用が最大化されるのは（4）で，ジュースを3本，チョ
コを1個消費するわけです。

　つまり，チョコの価格が上がると，値上がり前と同じだけ金額を
出してもチョコから得られる効用は減るわけですから，チョコの消
費量は減るのです。また，ジュースの価格は変わっていませんが，
チョコとくらべた相対的な価格は下がったわけですので，それによ
ってジュースの消費量が増えたといえます。

　このように，一般的には価格が上がるとその商品（財）に対する
需要は減ります。これは当たり前といえば当たり前ですが，効用を
最大化しようとする合理的な選択がその根本的な原因となっている
ことを理解してください。

4.3　様々な市場の均衡が経済全体の均衡を決める

　これまでに，財市場や労働市場における人々や企業の選択による
均衡を分析してきました。それを踏まえて，この節では経済全体の
均衡について考えたいと思います。

　まず，**第4.2節**で，消費者が自分の効用を最大化するため，財の
価格とともに消費量（需要）が減ることを見ました。逆に，企業は

図 4-2　一般均衡分析

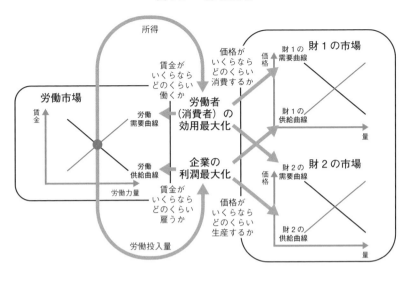

生産による利潤を最大化するため，財の価格とともに生産量（供給）は増えていきます。それぞれの財（モノやサービス）市場で，この需要曲線と供給曲線とが交わるところでその財の価格と量は決まります。**図 4-2** の右側の図は，2 つの財についての均衡を示しています。

　また，**第 3 章**の**第 3.3.2 節**（51 ページ）では，労働市場において賃金と労働量がどのように決まるかを見ました。労働者は所得と労働のつらさによって決まる効用を最大化するため，賃金とともに労働供給量は上昇します。企業は生産額（売上高）から労働や資本のコストを引いた利潤を最大化するため，賃金とともに労働需要量は減少します。この労働供給曲線と労働需要曲線が交わるところが労働市場の均衡で，賃金と労働量は決まるのです。これが**図 4-2** の左側に要約されています。

　これらの市場は，互いに影響しあっています。例えば，労働市場での均衡によって労働者の所得が決まりますが，その所得によって消費者の需要量が決まって，それぞれの財をどれだけ消費するかが決まってきます。また，労働市場の均衡で企業の雇用する労働力量も決まりますが，その労働力量によって財市場の生産量も決まってきます。

　このような市場の相互の影響を踏まえて，全ての市場が均衡して

いるときに，経済全体が均衡しているといえ，これを一般均衡とよびます。経済全体の均衡では，労働者が得る賃金，財の価格と量で決まる消費額，そして企業が雇用する労働力量で生産できる財の生産額の3つが一致しなければなりません。このように，様々な市場を同時に考えて全体的な均衡を考慮した分析を一般均衡分析といいます。それに対して，例えば労働市場など1つの市場に焦点をあててその均衡を分析することを，部分均衡分析とよびます。

　ただし，図4-2では，生産要素である資本財の市場については省略されています。資本財市場も他の市場と同様に考えることができますが，経済学では資本財の購入，つまり機械や情報機器，建物などに対する設備投資（第1章の第1.4.1節（18ページ）を参照してください）に資金（資本）が必要であることから，資本財市場というよりも資本市場，つまり金融市場を考察することが標準的です。

　金融市場では，資本の供給元である銀行や株主が利潤を最大化するため，金利（株式の場合には配当率）が上昇するとともに資本供給量が増えていきます。資本を需要する企業は利潤を最大化するため，金利が上昇するとともに資本需要量が減っていきます。資本の供給と需要が一致するところで，金利と資本量が決定するのです。このような金融市場も入れ込んだ一般均衡分析をすることも，むろん可能です。

4.4　市場経済の均衡は社会にとって望ましいか

　さて，このようにして決まる均衡は，社会的に見てよい状態なのでしょうか。人々が自分自身の効用を最大化し，企業がそれぞれの利潤を最大化するような利己的な経済では，必ずしも社会全体から見て望ましい状態が達成できないような気がするかもしれません。しかし，自由な競争によって価格や供給量が決まる市場経済では，社会全体としてもパレート最適である望ましい均衡が達成されるということが理論的にわかっています。

　パレート最適とは，誰かの効用を上げるためには他の誰かの効用を下げなければならないような状態を指します。逆に，パレート最適でない状態では，誰かの効用を下げずに，他の誰かの効用を上げることができるわけですから，いわば改善の余地がある状態です。

つまり，人々が自分の利益を追求する市場経済では，そのような改善の余地がなく社会的に望ましい状態が達成されるのです。これを，厚生経済学の第1基本定理といいます。この市場経済の力こそが，アダム・スミスが「見えざる手」と表現したものであり，経済学が基本的には市場経済をよしとする理由です。

　市場の力でパレート最適が達成されているときには，政策による人為的な介入は基本的には必要ありません。どんな政策をしても，誰かの効用を下げずに他の誰かの効用を上げることはできないからです（ただし，所得格差を是正するために，富裕層の効用を下げてまでも貧困層の効用を上げるような政策が必要な場合もあります）。

　とは言え，この基本定理が成り立つには様々な条件が必要で，これらの条件が成り立たないときには市場経済はパレート最適な社会を生むわけではなく，政策によって改善の余地があるのです。

　例えば，第1章の第1.4.2節（25ページ）では，ある人が新しい知識を生み出しても，市場の取引を介さずにその知識が他人に使われてしまうような場合，つまり外部性が存在するケースを紹介しました。この場合には，知識を生み出す活動には十分なインセンティブが与えられておらず（十分な報酬が与えられておらず），政府が研究開発などの知識創出活動に補助金を与えることで国全体の所得が向上して，社会全体の効用が増加します。

　同様のケースに公共財があります。公共財とは，第1章の第1.4.2節で説明した競合性も排除性も持たない財のことです。つまり，いったん生み出されてしまえば，複数の人が同時に使うことができ，ある特定の人が利用することを排除することができないような財です。その典型的なものは国防で，軍隊が配備されれば国民の誰もが一様に守られます。知識も競合性がなく排除性も弱いので，似たところがありますが，公共財は自由な利用を排除することが絶対にできないものを指します。

　公共財は，市場経済では民間企業によって供給されることはありません。民間企業がコストを払って生産したとしても，利用者を限定して売ることができずに，お金を払っていない人にも自由に使われてしまうからです。ですから，このような財は政府が供給する必要があります。

　もう1つのケースは，規模の経済がある場合です。第1章の第1.4.1節では，企業の生産関数で規模の経済がある場合には，大き

な企業のほうが生産効率がよく，ますます大きくなって，市場が独占もしくは寡占状態になってしまうことにふれました。そうすると，競争が緩やかとなって，独占企業や寡占企業が自らの利益を最大化するために価格を引き上げることが可能となります。市場経済が機能していて競争が激しい状態にくらべて，価格が高くなってしまうのです。すると，消費者は消費量を減らすことになり，効用は低下します。このように，独占や寡占が起きている場合には，市場での競争を担保するために政府が介入して，独占企業の合併を阻止するなどの政策で，社会全体の効用が引き上げられます。日本では独占禁止法に基づいて公正取引委員会がその仕事を担っています。

また，この後の第7章の第7.5.2節（141ページ）では，ハイテク産業に規模の経済がある場合には，ハイテク製品の輸入を規制することで，国内のハイテク産業が成長し，国民の所得が増えていくことを示します。つまり，規模の経済があれば，市場の均衡は最適ではなく，政府の介入が正当化されるわけです。

さらに，取引相手同士が持つ情報に差がある情報の非対称性がある場合にも，市場均衡は最適ではありません。第8章の第8.5.1節（164ページ）で詳しく説明するように，金融市場に情報の非対称性があり，銀行などの貸し手が企業などの借り手の情報を完全に把握できない場合が多々あります。すると，情報の非対称性がない場合よりも金利が高くなり，お金を借りたくても借りられない企業が出てしまいます。その結果，十分な投資が行われなくなってしまい，経済は十分に成長できません。このときには，取引相手同士の情報開示を法律で義務づけるなど，情報の非対称性を緩和するための政策が有効です。

このように，外部性や公共財，規模の経済，情報の非対称性がある場合には，市場経済では社会的に最適な状態は達成できないのです。これを市場の失敗とよびます。経済学はどのようなケースで市場は失敗し，どのような政策が必要なのかを分析している学問なのです。ですから，経済学が市場原理主義だと考えられているのは大きな誤解なのです。

4.5　人々は相手のことを考えながら行動する−ゲーム理論−

　本章の最後に，政策的な介入がなければ非効率な均衡に陥ってしまう状況を，もう１つ紹介します。ここでは，人々がお互いの行動を考えながら行動する戦略的状況において，どのように意思決定が行われるかを考察するゲーム理論が基になっています。

　これまでは，人々は意思決定をするときに自分自身がどうするかだけを考えると想定されていました。例えば，ラーメン店ではあなたは隣の人が何を頼もうが，自分の効用には影響しないので，全く関心を持ちません。これは１つには，ラーメンやチャーハンの値段がすでに市場で決まっていて，自分や他人が何を注文しようが値段が変わらないことがわかっているからです。これを経済学では，「個々の経済主体は市場価格を所与として（価格は与えられたものとして）意思決定する」，「個々の経済主体はプライス・テイカーである」という風に表現します。

　しかし，実際には他人の意思決定が自分の効用に影響する場合もあります。例えば，ネットオークションで品物を買うことを考えましょう。オークションでは，他人がつけた金額よりも高い金額を提示しないと落札して買うことはできません。ですから，他人がどのような金額をつけるかを考えながら戦略的に自分が提示する金額を決める必要があります。

　このように，他人がどうするかを考えつつ，自分の行動をどのように決めるべきかを理論的に考察したのがゲーム理論です。ゲーム理論は，一定のルールの下で複数のプレーヤーが意思決定して行動するゲームのような状況を考えて分析することから，その名がついています。ゲームといっても，１人でプレーするスーパーマリオのようなものではなく，大人数が互いの動きを考えながら戦略的にプレーするトランプのポーカーやボードゲームを考えてください。

● 囚人のジレンマのゲーム

　ゲーム理論の基本的な考え方を，最も有名な囚人のジレンマとよばれるゲームを例にして説明しましょう。

　いまあなたは，１人の友人と共謀して泥棒をして警察に捕まってしまい，別々に牢屋に入れられてしまいました。でも，２人とも黙

表4-4 囚人のジレンマ

		相手の行動	
		黙　秘	自　白
あなたの行動	黙　秘	(1) どちらも懲役1年	(3) あなた：懲役3年 　　相手：無罪
	自　白	(2) あなた：無罪 　　相手：懲役3年	(4) どちらも懲役2年

秘しているので，このままいけば懲役1年くらいで済みそうです。
そこで，検察官はそれぞれに司法取引を持ちかけてきました。「も
しお前が自白すれば，お前の罪を許してやろう。もしお前が黙秘を
続けて相手が自白すれば，お前だけが懲役3年だ。ただし，もし
両方が自白したら2人とも懲役2年にする。」

　この状況を整理したのが**表4-4**です。さて，あなたならどうし
ますか。

　あなたの行動の結果は，相手の行動に依存します。例えば，あな
たは相手が自白するんじゃないかと心配になっているとします。も
し相手が自白するのであれば，自分が黙秘を続ければ懲役3年に
なってしまいます。でも自分も自白すれば，懲役2年で済みます。
ですから，もし相手が自白すると考えれば，自分も自白したほうが
よいわけです。

　逆にあなたは，相手が2人のために黙秘を続けるんじゃないか
と考えるかもしれません。でも，その場合にも相手を裏切ってあな
たは自白をすれば無罪になります。あなたも黙秘すれば懲役1年
ですから，やっぱり自白をしたほうがよいわけです。

　つまり，相手が自白しようが黙秘しようが，実はあなたは自白し
たほうが得なのです。ですから，あなたは合理的に考えた結果，自
白するのです。

　しかし，相手も全く同じように考えて，やはり自白します。そう
すると，結局2人とも自白してどちらも懲役2年となるのです。
これがこのゲームの均衡です。

　言い方を変えればこういうことです。あなたにしても相手にして
も，どちらも自白するという均衡から逸脱した行動（つまり黙秘）
をとっても，自分の効用（ゲーム理論では利得ともいいます）が下
がってしまいます。ですから，どちらもその状態から逸脱すること

はしません。このような均衡を特にナッシュ均衡とよびます。この呼び名は数学者のジョン・ナッシュに由来していますが，彼は初期のゲーム理論の発展に貢献し，後にノーベル経済学賞を受賞して，映画『ビューティフル・マインド』のモデルにもなった人です。

　この場合のナッシュ均衡は，2人とって最適の状態ではありません。もし2人とも黙秘すれば，どちらも懲役1年となり，どちらも懲役2年のナッシュ均衡よりも2人とも効用がアップするからです。

　じゃあ，それなら2人とも黙秘して懲役1年を勝ち取ればいいじゃないかと思うかもしれません。しかし，この状態は達成されません。自分の効用を高めようと合理的に行動する2人は，どうしても黙秘できないのです。2人とも黙秘すれば軽い罪で済むとわかっていながら，相手が黙秘しようがしまいが自分は自白したほうが得ですから，どうしても自白する誘惑から逃れられない。これが，このゲームを囚人のジレンマとよぶゆえんです。

　なお，このゲームにおける2人とも黙秘する状態は，前の**第4.4節**で説明したパレート最適となっています。また，2人とも自白するナッシュ均衡はパレート最適ではなく，誰かの効用を下げることなく他の誰かの効用を上げることができる状態となっています。

　このように，戦略的な状況では，1人1人が合理的に行動したとしても，その均衡はパレート最適ではない，つまり皆が効用を改善できるはずなのに低い効用しか得られない非効率的な状態が均衡となってしまう可能性があるのです。

● **囚人のジレンマの応用**

　囚人のジレンマゲームはやや特殊な想定ですが，人々やその組織の現実の行動にも応用できます。**第10章**の**第10.1節**（192 ページ）では，2つの国が軍事攻撃を加えるかどうかの選択をするときに，囚人のジレンマ的な状況に陥って，戦争が起きてしまう可能性について解説しています。

　また，ビジネスにおいても様々なケースが考えられます。例えば，牛丼の外食市場を考えてみましょう。牛丼屋はすき屋や吉野家，松屋など少数の大手チェーンの寡占市場となっています。寡占とは少数の企業によって市場が占められている状態です。ここでは特にA社とB社の2社が寡占していると考えて，この2社が値段を据え

表4-5　グループワークでの協力

		B社の決定	
		据え置き	値下げ
A社の決定	据え置き	(1) A：10, B：10	(3) A：2, B：15
	値下げ	(2) A：15, B：2	(4) A：7, B：7

置くか下げるかを決める状況を考えましょう。

　A・B両社とも値段を据え置けば，これまで通り市場を分け合って各々10の利益が得られるとします（**表4-5**の（1）のセル）。しかし，A社が値下げをしたにもかかわらず，B社が据え置けば，お客さんはA社に流れてしまい，A社の利益は15に増えるかわりに，B社の利益は2に減ってしまいます（（2）のセル）。逆にB社が値下げをしてA社が据え置けば，B社の利益は15に，A社の利益は2となります（（3）のセル）。しかし，両者が値下げをすれば，2社で市場を分け合う状況は変わりませんが，値段が安くなった分利益が下がって両社ともに7となるとします（（4）のセル）。

　このときには，両社とも相手がどのような決定をしようが，値下げをしたほうが自社の利益が大きくなりますので，両社とも値下げするということがナッシュ均衡となります。両社の利益を考えれば，両社ともに値段を据え置くほうがよいのですが，相手の出方を考えれば値下げをせざるをえなくなるのです。ですから，この均衡はパレート最適ではありません。なお，このゲームでは消費者の利益を無視しています。消費者は値段が安いほうが効用が高くなりますが，そのことは考えずにパレート最適性を判断しています。

《本章で学んだ経済学のツール》

効用関数：財の消費量と効用（幸福度・満足度）との関係。
限界効用逓減の法則：ある財を消費すればするほど，その財の追加的な消費による効用の増加分（限界効用）が減少していくこと。
財の需要関数：財の価格と需要量との関係。消費者の効用最大化によって導出される。
一般均衡：労働市場，様々な財市場，資本市場などの市場全てが均衡している状態。

厚生経済学の第1基本定理：一定の条件の下では市場均衡はパレート最適。

市場の失敗：規模の経済，外部性，公共財，情報の非対称性があるときに起こり，市場均衡はパレート最適ではなく，政策による改善の余地がある。

ゲーム理論：自分の効用が相手の行動によっても決まるような戦略的な状況で，どのような意思決定がなされるかを考察する。その均衡は必ずしもパレート最適ではない。

より深い理解のための参考文献 ─────────────

【教科書（中級）】

● 渡辺隆裕（2008），『ゼミナール ゲーム理論入門』，日本経済新聞出版

ゲーム理論に特化した初級～中級の教科書。著者によるわかりやすいYouTube の講義ビデオもある。

※ミクロ経済学の教科書については，**第3章**の章末の参考文献リストを参照してください。

5 デフレやインフレは なぜよくないのか？
－マクロ経済学－

5.1 長期にわたった日本のデフレ

　日本では，1990 年代半ばから 2021 年までの長期にわたってデフレもしくはディスインフレが起きました。デフレというのはデフレーションの略で，経済全体の平均的な物価が下がっていくことを指します。インフレ（インフレーション）は逆に物価が上がっていくことで，ディスインフレとは物価が大きくは上昇せず比較的安定している状態です。

　図 5-1 は，毎月の消費者物価指数（consumer price index を略して CPI）と，その前年同月比の増減率で定義した年率のインフレ率（物価上昇率）を示しています。消費者物価指数とは，その国や地

図 5-1　日本のインフレ率と消費者物価指数（月次）

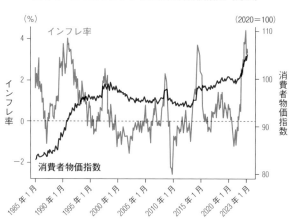

出所：日本銀行時系列統計データ検索サイト
注：インフレ率は消費者物価指数に基づく。

図 5-2 日米のインフレ率

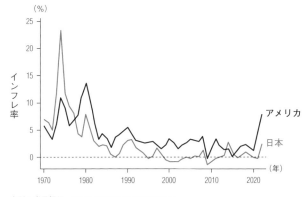

出所：世界銀行，World Development Indicators
注：消費者物価指数に基づく。

域で一般的に消費されているモノやサービスの価格を統合した平均的な物価を表す指数で，**図 5-1** では 2020 年 7 月の物価を 100 としたものが使われています。

　この図からは，1995 年以降に日本ではしばしばインフレ率が 0 を下回るデフレが起きていることがわかります。1995 年 1 月から 2021 年 12 月までの 324 カ月（17 年）のうち，デフレになった月は半分以上の 171 カ月で，この期間の平均的なインフレ率は 0.15% でしかありません。その結果，1997 年後半から 2013 年前半までの 16 年間にわたって物価が下がりました。その後，あとで詳しく述べる金融政策によってやや上昇したものの，1997 年とそのほぼ 4 半世紀後の 2021 年とでは物価がほとんど変わらないという事態となりました。

　このような長期のデフレ傾向は，他の国や日本の過去の経験との比較でも非常にめずらしいことです。**図 5-2** は，1970 年から 2022 年までの長期間にわたる年次のインフレ率を，日本とアメリカについて示しています。

　1970 年代は世界各国で 5–10% 以上にも上る高いインフレ率となり，各国政府は高いインフレを抑えるのに躍起になった時期でした。日本での物価上昇はむしろアメリカよりも高く，1974 年には実に 23% に達して狂乱物価とよばれました。その後 1980 年代から 2020 年にかけて，多くの国ではインフレは落ち着き，適正水準と考えられる 2% 程度のインフレ率に近づいていきました。

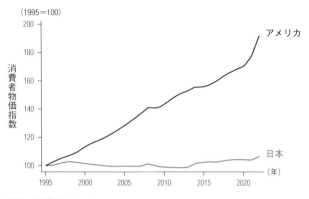

図 5-3　日米の消費者物価指数（1995 年＝100）

出所：世界銀行，World Development Indicators

　しかし，日本では前述の通り 1995 年以降デフレ傾向となり，アメリカにくらべてほぼ全ての年でかなり低いインフレ率となっています。1995 年から 2020 年までの日本のインフレ率の平均は 0.16%であるのに対して，アメリカでは 2.17%となっています。

　0.16%と 2.17%のインフレ率の違いはそれほど大きなものに思われないかもしれません。しかし，この違いが 25 年続くと大きな差となります。図 5-3 は，1995 年を 100 とした日米の消費者物価指数の推移を表していますが，日本の物価が 25 年間ほとんど変わらないのに対してアメリカでは 2020 年には 1.7 倍，2022 年には 2倍近くとなり，日米の差が大きく開いたことがわかります。

　しかも消費者物価指数は，各国の通貨，つまり日本なら円，アメリカならドルで測ったときの物価ですから，同時期に進行した円安によって，日本から見るとますますアメリカの物価が高く感じられるのです。

　例えば，アメリカではジュース 1 本が 1995 年には 1 ドルだったものが，2022 年には 2 ドルと 2 倍に値上がりしたとします。為替レートは 1995 年には 1 ドル 94 円，2022 年には 1 ドル 132 円程度でしたので，日本円に直すとアメリカのジュースは 94 円から264 円へと 3 倍近く値上がりしたことになります。最近日本人が海外旅行をすると何もかもが高く感じられるのは，このようなわけです。

5.2 デフレが経済に及ぼす影響

では，そもそもデフレ，つまり物価が下がることは悪いことなのでしょうか。単純に考えると，物価が下がる，もしくは上がらないことは，消費者にとってはありがたいことのように見えます。しかし，実は必ずしもそうではありません。物価が下がっても，同時に所得も下がってしまえば，実質的には買えるものが増えるわけではないので，あまり意味がありません。ですから，問題は所得の変化とくらべたときの相対的な物価の変化なのです。

● 物価と所得・生産の関係

現実には，物価上昇率が低いときには賃金上昇率も低くなる傾向があります。図5-4 は日本のインフレ率と1人あたり名目GDP 成長率の推移を見たものです。バブル期の1980 年代後半にはインフレ率が比較的高く，物価が上昇していますが，1人あたり名目GDP，つまり1人あたりの平均的な所得はそれ以上の成長率で上昇しています。つまり，この時期にはむしろ実質所得が上昇しています。

しかし，1997 年から2013 年にかけてはほとんどの年ではインフレ率がマイナスになって，物価が下落していますが，この時期には名目所得の成長率もマイナスになることが多かったのです。

図5-4　日本の所得変化率とインフレ率の推移

出所：世界銀行，World Development Indicators
注：インフレ率は消費者物価指数に基づく。

図 5-5　日本のインフレ率と失業率の関係（フィリップス曲線）

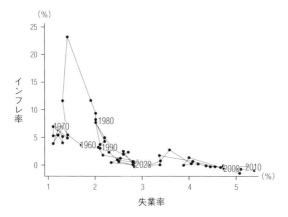

出所：世界銀行，World Development Indicators

1998 年から 2013 年までに，消費者物価指数は 3.6%下がりましたが，1 人あたり名目 GDP は 6.0%下がっていて，実質所得はむしろ大きく減少しています。その後 2013 年以降に物価は上昇傾向に転じ，それとともに所得もやや上昇しています。

　このように，所得や生産と物価とには正の相関が見られます。また，生産が拡大しているときには失業率は低くなりますから，インフレ率と失業率とには負の相関関係があるはずです。図 5-5 は日本について 1960 年から 2022 年までこの 2 つの関係を見たものですが，確かに大まかには負の相関関係があります。このようなインフレ率と失業率の負の相関関係を表す曲線をフィリップス曲線とよびます。

　インフレ率が高いときになぜ生産が拡大し，失業率が低いのかは，本章の後半の第 5.4.2 節で詳しく述べます。簡単に言えば，経済全体のモノやサービスに対する需要（総需要）が拡大するときには，それにともなって生産も拡大して所得も増加しますが，同時に需要が増えることで物価も上昇するのです。

● インフレ率と実質金利

　インフレ率が低いと失業率が高いという傾向に加えて，物価が下がるデフレ，つまりインフレ率がマイナスになることにはさらに大きな問題があります。それは，人々や企業にとっての実質的な金利

（利子率），実質金利が高くなるということです。

　なお，経済学では利子率とよぶことが多いのですが，ここではより一般的に使われている金利という言葉を使います。ただし，金利とは，あくまでも利子の額そのものではなく，元本に対する比率であることに留意してください。

　さて，デフレのときに実質金利が高くなることを理解するために，あなたが銀行から 1,000 万円を借りて土地を買って駐車場を経営すると考えましょう。しかし，あなたはある事情から 1 年後にはその土地を売ってしまうことを考えています。銀行の金利は 5％で，1 年後には元本と利子を合わせて 1,050 万円を返済しなければなりません。しかし，このとき買った土地の価格が 1 年で 3％値上がりしたとしましょう。すると，1 年後にはその土地は 1,030 万円で売れますから，実質的には利子は 50 万円ではなく 20 万円となり，実質的な金利は 5％ではなく 2％となります。

　この例では，1 年後に土地を売るという特殊な例を考えましたが，一般的にも同じようなことがいえます。企業がお金を借りて設備投資をして販売を拡大しようとするとき，物価が上がっていれば自社の商品の値段も高くなるので，名目の売上高は増えて，お金を返済しやすくなるからです。

　ですから，この例で，あなたにとっての実質的な金利が名目的な金利 5％から土地の価格の上昇率 3％を引いたものであったように，一般的に

実質金利＝名目金利−インフレ率

という関係が成り立ちます。

　厳密に言うと，お金を借りる時点ではそれから 1 年間のインフレ率はわかりませんから，あなたはインフレ率の予測をして，実質金利がいくらになるかを予測した上で，お金を借りるかどうかを決めるはずです。ですから，インフレ率の予測値である期待インフレ率を名目金利から引いたものが，お金を借りる時点での実質金利です。

　企業や個人などの資金の借り手は，実質金利が低ければ低いほど返済しやすいわけですから，より多くの資金を借りようとします。また，金融機関や株主などの資金の貸し手は，実質金利が高いほど利子収入が増えるので，より多くの資金を貸したがります。つまり，

実質金利とともに資金需要は減少し，資金供給は増加します。実質金利と資金量は，このような金融市場における資金需要と資金供給が均衡するところで決まります。

● デフレは実質金利を上げる

さて，デフレ下では実質金利はどうなるでしょうか。上の式で，インフレ率がマイナスになりますから，マイナスのマイナスでプラスとなって，実質金利は名目金利よりも高くなってしまいます。

先ほどの土地の例で，もしデフレのためにあなたの買った土地が1年後に3%値下がりしたとしましょう。すると，1年後に土地は970万円になってしまうのに，あなたは1,050万円返さなければなりません。ですので，実質的な利子は80万円で，実質金利は8%と高くなってしまうのです。

ただし，名目金利が低ければ，デフレであっても，実質金利はそれほど高くならないかもしれません。例えば，名目金利が1%で，インフレ率が−1%であれば，実質金利は2%ですから，必ずしも高くありません。インフレ率が−3%と激しいデフレであっても，名目金利が−1%であれば，やはり実質金利は2%です。

しかし，名目金利は一般的にはマイナスにはなりません。銀行からすれば，金利が−1%ということは，1,000万円を貸しても990万円しか返ってきません。それであれば，その1,000万円を銀行の金庫にしまっておくほうが得ですから，マイナスの金利では普通は貸し出さないはずです。

ですから，物価減少が急激に起きた場合には，名目金利が0より下がらないために，実質金利が金融市場で決まるはずの均衡値よりも高止まりしてしまうことがありえます。例えばインフレ率が−3%であれば，名目金利が0%であっても，実質金利は3%と比較的高い水準にとどまってしまいます。

図5-6は，日本の名目金利と実質金利を表しています。次の**第5.3節**で詳しく述べるように，日本では1999年からはゼロ金利政策，2001年からは量的緩和政策といった大規模な金融緩和政策が行われ，長期にわたって名目金利がほぼ0%となっています。しかし，前述の通り1997年から2013年まではデフレ傾向にありましたから，実質金利が比較的高くなっています。

図5-7は，日米の実質金利を比較したものです。灰色の部分は，

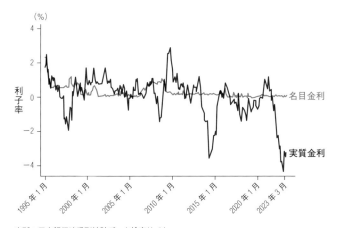

図 5-6　日本の名目金利・実質金利

出所：日本銀行時系列統計データ検索サイト
注：名目金利は短期金利（3 カ月物コールレート）で，実質金利は短期金利－インフレ率
で定義

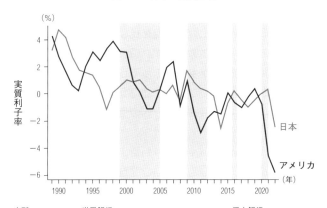

図 5-7　日米の実質金利

出所：OECD.stat；世界銀行，World Development Indicators；日本銀行
注：実質金利＝短期金利（3 カ月物コールレート）－インフレ率（消費者物価指数によ
る）で定義。灰色の部分は，日本のインフレ率がマイナスになっている年を表す。

日本でインフレ率がマイナスになっていた時期を表しています。こ
れを見ると，日本でデフレが起こっている時期には，日本の実質金
利はアメリカよりも高く，デフレでないときにはそうではないこと
が多いことがわかります。やはり，デフレは実質金利を高くしてし
まうのです。
　実質金利が高いと，企業はあまり資金を借りなくなりますので，

設備投資が十分に行われません。人々もローンを組んで住宅や車を買おうとしなくなります。ですから，モノの生産に対する需要が減って，同時に生産も所得も減っていきます。これが，経済にとってデフレが大きな問題である理由です。

● 激しいインフレの弊害

　かと言って，年率5%を超えるような激しいインフレは，やはり経済にとってよくありません。なぜなら，物価上昇と同時に賃金も同じように増えていけば実質的な所得は変わりませんが，急激なインフレの場合には物価上昇に賃金上昇が追いつかず，実質所得が目減りしてしまうこともあるからです。さらに，産業や職種によって物価や賃金の上昇幅に差があれば，所得格差を引き起こすことにもなります。

　また，急激に物価が上昇すると，人々はなるべく現金を持たずに，物価上昇とともに価値が上がっていく不動産などの資産を買ったり，名目金利が上がっていく預金をしたりします。そうしなければ，持っている現金で買えるモノがどんどん少なくなっていくからです。また，企業は周りの物価上昇の傾向を見ながら，自社の製品の値段を適切に上げていく必要があります。値上げしなければ物価にくらべた自社の実質的な売上が少なくなってしまいますし，値上げしすぎても売れ行きが落ちてしまいます。こういった人々や企業の行動は激しいインフレでなければ不要なもので，経済の効率性をそいでしまいます。

　しかも，いったん激しいインフレが始まると，なかなか収まらず，むしろどんどん進行してしまうという問題もあります。これは，いったん企業がインフレが続くと考えれば，実質的な収益を上げるために自社製品の価格をどんどん上げてしまい，ますますインフレを増長してしまうからです。例えば，日本でも2021年8月には前年同月比で−0.4%であったインフレ率が，9月にプラスに転じた後，半年後の2022年3月には1.2%となり，さらに半年後の2022年9月には3.0%と加速し，2023年1月には4.4%にまで一気に上昇したのがその好例です（図5-1）。

　ただし，インフレ率と所得成長率に正の相関があることから，緩やかな物価上昇は経済にとってむしろ好ましいはずです。ですから，一般的には2%程度のインフレ率が最も経済にとって適切であると

考えられており，日本をはじめとする各国政府の多くはそれを目標としています。

5.3　デフレに対する日本銀行の金融政策

さて，日本経済に悪影響を及ぼすデフレに対して，日本銀行（日銀）は金融政策で対抗してきました。その方法と効果について解説していきましょう。

日銀とは日本の中央銀行で，金融政策をつかさどり，貨幣を発行する権利を持つ特別な銀行です。日銀は厳密には政府機関ではなく，政府から一定の独立性を有してはいますが，基本的には日本銀行法に基づいて政府の方針にのっとって金融政策を実施しています。

金融政策とは，中央銀行が市場に出回る貨幣の量を調整することで金利を操作するとともに，物価を安定させようとする政策を指します。このような政策は，これ以降で述べるように，景気変動を抑えて経済の安定に寄与します。

● 金融政策の手段

金融政策の最も基本的な手段は，公開市場操作です。これは，金融市場で日銀が国債などの金融資産を購入したり，企業に対して資金を貸し付けたりする買いオペレーション（買いオペ，または資金供給オペレーションともいう）と，逆に日銀が国債などの金融資産を売却する売りオペレーション（売りオペ，または資金吸収オペレーション）とがあります。

日銀が国債を購入する買いオペでは，日銀は企業や個人といった売り手から国債を手に入れる代わりに，その売り手にお金（貨幣）を支払います。ですから，市場および経済全体により多くの貨幣が供給されることになります。日銀が企業に対して資金を貸し付けても同じことです。

逆に，売りオペでは日銀が国債を売って，個人や企業が日銀に対してお金を支払うわけですから，市場や経済全体の貨幣が少なくなります。このようにして，日銀（および各国の中央銀行）は市場に出回る貨幣の供給量を調節するのです。図5-8は，買いオペと売りオペの仕組みを図で表しています。

図 5-8　日銀の公開市場操作

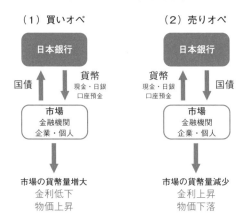

国債とは，お金を借りるための借用証書である債券のうち国が発行するもののことです。企業が発行する債券は社債とよばれます。国は，税収よりも多くの予算を使うためには，どこからかお金を借りなければなりません。その1つの手段が国債を発行して，それを市場で売ってお金を得ることです。1つ1つの国債には，元本と満期日が決まっています。例えば，元本1万円で10年後に満期になるといったものです。この国債を買えば，半年ごとや1年ごとなど定期的に利子が支払われて，10年後に1万円が返されます。

　ここで重要なのは，国債は金融市場（より厳密に言えばこの場合には債券市場）で自由に売買ができることです。満期10年1万円の国債を買ったとしても，満期前に市場で売ることができます。しかし，そのときの国債の価格は必ずしも1万円ではなく，市場の需要と供給によって決まります。場合によっては，1万円で買った国債が10,100円で売れるかもしれませんし，9,900円にしかならないかもしれません。

　例えば，この国債の金利が年0.5％と決まっていて，購入1年後に売ったら1％値上がりしていて10,100円だったとします。すると，この国債の1年間の実際の利率（利子率）は，額面の金利の0.5％に国債価格の上昇による1％を加えた1.5％ということになります。

● 日銀の金融市場への介入で金利が変動する

　このような金融市場で，日銀が買いオペで介入して国債を買うと

しましょう。そうすると，国債の需要が高まります。一般的に，需要が増えるということは，たくさん買いたい人がいるということですから値段が上がります（ネットオークションのことを考えてみてください）。ですから，日銀の買いオペによって国債の価格は上がります。国債の価格が上がるということは，この国債の利率が下がるということです。

　例えば，元本1万円金利0.5%で1年後に満期となる国債を例にして考えてみましょう。この国債がいま9,900円で売っていたら，1年後には利子0.5％×10,000＝50円と元本と購入価格の差10,000－9,900＝100円の和，150円がこの国債による利益で，その利率は150÷9,900＝約1.5%となります。しかし，日銀の買いオペによって国債の価格が上昇して9,950円となれば，その利率は（利子50円＋元本－購入価格50円）÷9,950＝約1%となり，利率が下がることになります。

　つまり，日銀が売りオペで国債を購入して市場の貨幣量を増やすことで，金利は下がるのです。逆に，買いオペで日銀が所有する国債を売却すれば，国債は需要が減って，その価格は下落し，金利は上がります。

　なお，日銀が実際に金融機関から国債などの金融資産を購入したり，金融機関に資金を貸し付けたりするときには，現金を渡すのではなく，金融機関が日銀に持っている当座預金の口座に振り込む形をとります。金融機関は日銀当座預金残高をお互い同士や日銀や国との取引に使えますし，いつでも現金と交換できます。現金化のしやすさを流動性とよびますが，日銀当座預金は流動性が非常に高く，ほぼ現金と同じだと考えて差し支えありません。ですから，日銀がコントロールできる市場の「貨幣の量」，つまり貨幣供給量は，市場に出回る現金通貨と金融機関が日銀に持つ当座預金残高を合わせたもので，これをマネタリーベース（もしくはベースマネー）とよびます。

● 日銀の介入で物価も変動する

　さて，日銀によって貨幣の供給量が変動すると，それにともなって物価も変動します。これは貨幣数量説という理論で説明できます。
　いま，経済全体に出回る貨幣の量が増えたとしましょう。一般的に，たくさんあるものの価格は低く，希少なものの価格は高くなり

ますから，貨幣の量が増えれば，貨幣の価値は下がります。貨幣の
価値が下がるということは，あるモノを買うときによりたくさんの
貨幣が必要になるということに他なりません。これは，言い換えれ
ば物価が上がるということです。つまり，日銀の買いオペによって
貨幣の供給量が増えれば，物価が上がり，インフレになるのです。

　極端な例を考えてみましょう。もしいま政府が「持っているお札
に0を1つ書き加えて，千円札なら1万円札に，1万円札なら10
万円札にしてもいい」という法律を作ったら，みんなこぞってお札
に0を書き足して，一夜にして貨幣供給量は10倍になるでしょう。
でも，それで人々はお金持ちになるかといえばそんなことはなく，
貨幣の価値は1/10になるわけですから，それを理解した企業は全
ての価格を10倍に引き上げて物価が10倍になるでしょう。です
から，結局は実質的な購買力は何も変わらないことになるはずです。

　歴史的に，政府が貨幣供給を大幅に増やしたためにインフレが起
きたことは，何度もあります。1923年のドイツは，第1次世界大
戦の敗戦に対する賠償金の支払いによって財政が悪化し，それを補
うために貨幣を大量に発行して賄いました。その結果，1年で貨幣
量は実に約10億倍に増え，それにともなって物価も10億倍とな
りました。これはだいたい10日で物価が2倍になる，つまり1か
月で $2^3 = 8$ 倍となる歴史的にもまれな激しいハイパーインフレです。

　これらのことからわかるように，日銀などの中央銀行が売りオペ
で貨幣を市場に供給すると物価が上がり，買いオペで貨幣を市場か
ら吸収すると物価が下がります。市場の貨幣量を増やそうとする中
央銀行の政策は金融緩和政策（もしくは拡張的金融政策）とよばれ
ます。金融緩和によって名目金利が下がって物価が上がれば実質金
利はますます下がりますから，企業による投資が喚起されて需要が
増えます。その結果，経済全体の生産や所得も増えると考えられま
す。ですから，このような政策は景気が悪化しているときに行われ
ます。逆に，貨幣を減らそうとする政策は金融引き締め政策（もし
くは縮小的金融政策）とよばれ，経済が過熱しすぎており，インフ
レが激しい場合に行われます。

● デフレ時の日銀の対応

　1991年のバブル崩壊後の長期的な経済停滞（**第1章第1.1節**（7
ページ））に対応するために，日銀は1999年にゼロ金利政策を採用

しました。ゼロ金利政策とは，政策目標となっている短期金融市場での無担保翌日物金利をほぼゼロにすることを目標とする金融政策のことです。ゼロ金利政策は 2000 年にいったん解除されましたが，経済停滞がさらに長期化したために，2001 年には量的緩和政策を採用して，金利ではなく日銀が供給する貨幣量であるマネタリーベース（ベースマネー）を政策目標として，さらに大規模な貨幣供給を行いました。

　先ほど，市場の貨幣量と金利は関係すると述べました。しかし，金利が 0 に近い状態では，貨幣量を増やしても金利は 0 以下にはなかなか下がらないので，金利を目標としては日銀が行える金融政策には限界があります。ですので，金利ではなく，貨幣量を増やすことを政策目標としたのです。

　日銀の量的緩和政策以前には，各国の中央銀行は基本的には金利を直接の政策目標としていました。その意味で，この日銀の政策は非伝統的金融政策とよばれて，導入当初は異端視されていました。しかし，リーマン・ショック後の 2008 年には，アメリカの中央銀行である連邦準備制度理事会（Federal Reserve Board，略してFRB もしくは Fed）も QE（quantitative easing）とよばれる量的緩和政策を初めて採用しており，必ずしも日銀の独特の手法ではなくなっています。

　さらに 2013 年には，第 2 次安倍内閣の成長戦略の下で，黒田東彦総裁が率いる日銀は，量的・質的金融緩和を開始しました。この政策は，2%のインフレ率の達成を目標とし，そのために国債の買い入れによる貨幣供給を拡大するとともに，これまでは行われなかった投資信託などのリスクのある資産の買い入れをも実施しました。中央銀行が安定した資産を持っていることが貨幣の信用に結びつきますから，通常はリスクの大きい資産は保有せず，国内外の国債などリスクの小さい資産を保有します。ですから，黒田日銀の大胆な政策は，異次元緩和とも黒田バズーカともよばれました。

● 日銀の金融緩和政策は効果的だったのか

　では，日銀による量的緩和政策は効果があったのでしょうか。図5-9 は，貨幣供給量の変化率と金利，インフレ率の関係を示しています。貨幣供給量として，先ほど説明した日銀がコントロールできる貨幣量であるマネタリーベース（現金＋日銀当座預金残高）とは

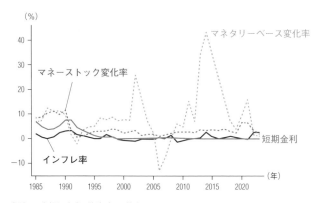

図 5-9　貨幣供給量・金利・インフレ率の関係

出所：日本銀行時系列統計データ検索サイト
注：短期金利はコールレート（無担保翌日物），マネーストックは M2 で定義し，その
増加率は前年比，インフレ率は消費者物価指数に基づく。

別に，実際に市場に出回っている貨幣量としてマネーストック（マ
ネーサプライともよびます）も示しています。

　マネーストックには様々な定義がありますが，この図では **M2** を
利用しています。M2 とは，現金に加えて，日銀と民間金融機関の
当座預金や普通預金，定期預金，そして CD（譲渡性預金）の残高
の合計です。民間の金融機関の当座預金も小切手を切って現金のよ
うに取引に使うことができますし，普通預金から現金を引き出すこ
とは簡単です。定期預金は，普通預金ほど簡単ではないですが，満
期前にも手数料を払えば現金化できます。つまり，これらの資産は，
現金に交換しやすい流動性の高い資産であり，市場に出回る貨幣だ
と考えられます。

　マネーストックの量を見ることで，日銀がマネタリーベースを増
やすことで市場全体の貨幣量がどうなったかを見ることができるわ
けです。なお，市場の貨幣の定義としては，M2 以外にもより狭い
定義の M1 や，より広い定義の M3 などがあります。

　図 5-9 を見ると，バブル崩壊前の 1980 年代後半にはマネタリー
ベースが増えるとともにマネーストックもほぼ同じ比率で増加して
いることがわかります。つまり，日銀が直接コントロールできる貨
幣量を増やすと，市場全体の貨幣量も増加しています。金利とイン
フレ率は必ずしも貨幣の増加と同時に動いていませんが，ややタイ
ムラグがありながらも 1990 年には上昇しています。つまり，1980

年代には，金融政策が理論通り金利と物価に作用したことがわかります。

　しかし，1990年代後半以降2021年までは，一時期を除けば金融緩和政策のためにマネタリーベースは急激に増加していますが，金利はすでに0％付近に下がっていたこともあって，それ以上は下がっていません（ただし，わずかなマイナス金利になったときもあります）。また，マネーストックはマネタリーベースほどは増加していません。つまり，日銀は手元で貨幣を大規模に供給しているにもかかわらず，それが市場全体の貨幣の増加にはつながっていなかったのです。そのため，金融政策によってデフレ傾向が改善されることはありませんでした。その結果，実質金利が高止まりして，経済は停滞したままであったことは前節で述べた通りです。

　なお，2013年の異次元緩和初期には，マネタリーベースの年率増加率は40％以上にもなりました。その結果，2014年のインフレ率は2.8％と高くなり，実質金利も−2.6％まで低下しました。しかし，この効果は長続きせず，2016年には早くもインフレ率はマイナスに，実質金利はプラスに戻っています。

● 金融政策の限界

　これらのことから，1990年代後半から2022年にかけての大規模な金融緩和政策は，残念ながら狙った効果を得られなかったといえます。その理由については，いろいろな議論があります。その1つは，もともと金融政策や次章で説明する財政政策は，短期的な景気の落ち込みには効果がありますが，必ずしも長期的な経済停滞には大きな効果がないことです。例えば，金融政策だけで貧困国の長期的な経済成長を引き上げて，先進国なみの所得レベルを達成できると考える人はほとんどいないはずです。

　同じことが日本経済にもいえます。バブル崩壊以降，日本経済は構造的に様々な問題を抱えています。**第1章の第1.2節** (9ページ) で述べた技術進歩やIT投資が十分でない問題や高齢化による労働力不足の問題，**第3章の第3.2節** (43ページ) で述べた非正規雇用の拡大による所得格差拡大などの問題をそのままにして，金融政策を大規模に推し進めても，結局投資もイノベーションも拡大せず，経済は停滞したままなのです。

　そもそも，**図5-7** に示されているように，1990年代後半から

2013年までのデフレが激しかった期間でも，日本における実質金利は平均で0.6%程度で，他の国とくらべても，日本の過去の経験とくらべても決して高いわけではありません。それでも投資が進まずに経済が停滞したのは，金融政策では解決できないもっと深い問題があったとしか考えられません。

　なお，インフレの状況は，コロナ禍が一段落した2022年以降に急激に変わってきました。2022・2023年のインフレ率は2.5%前後で，適正と考えられるレベルとなってきました。これは，1つにはエネルギー価格の高騰と円安によって輸入品の価格が上昇したためです。しかし同時に，それを契機に人々のデフレを当たり前と思う気持ちが変化してきて，企業が価格を上げやすい環境になり，期待インフレ率も上がってきています。期待インフレ率が上がれば，企業が投資をしようとするときに考える実質利子率が下がりますから（**第5.2節**），投資が活発化して，経済が成長していくかもしれません。

　このため，本書を執筆している2023年9月の時点では，日銀の金融政策も大規模な緩和から引き締めの方向に変わろうとしています。より深刻なインフレに見舞われているアメリカは，すでに2022年はじめから2023年にかけて政策目標とするフェデラルファンド・レート（短期国債金利）の目標値を大幅に引き上げています。ですから，今後はデフレではなく，むしろインフレに対処する金融引き締め政策が必要になってくるのかもしれません。

5.4　マクロ経済学のツール

5.4.1　貨幣が増えればなぜ金利が下がるのか

　第5.3節では，日銀が貨幣の量を調整することで，金利も変動することを簡単に説明しました。ここでは，ケインズによる流動性選好理論を使って，より詳しく解説します。ここでの「流動性」とは，流動性の高い現金や普通預金，当座預金といった資産，つまり貨幣のことを指します。

　この理論は，個人や企業が貨幣をどのくらい持ちたいかで，貨幣市場における貨幣需要が決まると考えます。個人や企業が貨幣を持

ちたがるのは，日々の買い物や決済に必要だからです。貨幣を持つ代わりに，長期の定期預金として預けたり，債券や株，不動産などの流動性の低い（換金しにくい）資産を買えば，収益が得られる可能性がありますが，日々の取引のためにはある程度の貨幣を手元に置いておく必要もあります。

　なお，貨幣市場といっても，実際に貨幣を売っている市場があるわけではありません。自分の資産を現金で持つか，流動性の低い資産で持つかの選択を考えているわけですから，ここで考えている貨幣市場とは，債券市場や株式市場などの裏返しのようなものです。

　また，近年は現金ではなく，クレジットカードや PayPay などの QR コード決済，SUICA などの交通系カードなど，必ずしも現金を使わなくても買い物ができるようになっています。企業の決済はずいぶん昔から手形や銀行口座への振り込みが中心です。しかし，これらの決済手段は，現金によって課金したり，銀行の普通預金や当座預金から支払ったりしているわけですので，広義の貨幣を利用しているといえます。**第 5.3 節**で紹介したマネーストックの代表的な指標である M2 は，現金のほかにも銀行の普通預金や当座預金を含んでいます。ですので，クレジットカードや PayPay を使う場合でも貨幣を使っていると考えられます。

● 貨幣市場における均衡

　さて，このような貨幣に対する需要は，金利が上昇するほど小さくなるはずです。なぜなら，金利が高ければ貨幣ではなく流動性の低い資産の形で資産を保有したほうが得だからです。ですので，貨幣市場における貨幣需要曲線は，**図 5-10** の AB のように右下がりになります。

　それに対して，貨幣供給は，基本的には日銀のような中央銀行の政策によって決まります。むろん，**第 5.3 節**で見たように，デフレ下では日銀がマネタリーベース（現金＋日銀当座預金残高）を増やしても，広義の貨幣であるマネーストック（銀行預金などを加えたもの）が思うようには増えないということは起こります。しかし，日本でも 1980 年代後半はそうであったように，通常は中央銀行はマネタリーベースを通じてマネーストックを増減させることが可能だと考えられます。

　つまり，貨幣供給は金利には直接は影響を受けず，政策によって

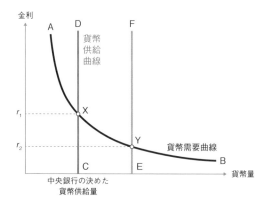

図 5-10　貨幣市場における均衡

決まるのです。ですから，貨幣供給曲線は，中央銀行の決めた貨幣
量のところで垂直に立った直線となります。図 5-10 で，貨幣供給
量が C で表されているときには，貨幣供給曲線（直線）は CD と
なるのです。このときには，均衡は点 X で，均衡の金利は r_1 で決
まります。

　さらに，中央銀行が緩和的な金融政策をして，貨幣供給量を C
から E まで増やしたとしましょう。すると，均衡は点 Y に変わり，
金利は r_2 まで低下します。中央銀行が貨幣供給を増やすときは金
融市場で国債などの金融資産を買うわけですが，それによって国債
の価格が上がり，逆に国債の利率が下がります（第 5.3 節）。金利
が下がることで，人々や企業が流動性の低い資産を保有するインセ
ンティブが低くなり，より多くの貨幣を保有するようになります。

　これが中央銀行の金融緩和による貨幣供給の増加が金利を下げ，
逆に金融引き締めによる貨幣供給の減少が金利を上げる理由なので
す。

5.4.2　経済全体の物価と生産の関係 −総需要・総供給モデル−

　第 5.2 節では，物価が高いほど生産や所得が大きく，失業が少な
い傾向があると言いました。ここでは，その理由を総需要関数と総
供給関数を使って説明しましょう。総需要関数とは，経済全体の物
価水準と全ての消費者による需要量の総和である総需要との関係を
表すもので，総供給関数とは，物価と全ての企業による供給量（生

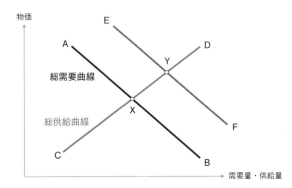

図 5-11　総需要関数と総供給関数

産量）の総和である総供給との関係を表すものです。なお，お金で
測った名目の需要額，供給額は，物価に左右されますので，ここで
はあくまでも物価と需要量，供給量の関係を考えていることに注意
してください。

　結論から言えば，図 5-11 の線 AB で表されるように総需要は物
価とともに減少し，線 CD のように総供給は物価とともに増加しま
す。それは当たり前だと思うかもしれません。1 つ 1 つの財の市場
では，需要は価格とともに減少し，供給は価格とともに増加します
から（第 4 章第 4.2・4.3 節 (68・70 ページ)），全ての財市場を足し合
わせば，そうなるように見えるからです。しかし，実はそれは誤り
です。

● 総需要関数

　それはなぜなのか，まず総需要関数について見てみましょう。1
つ 1 つの財の需要が価格とともに減少するのは，ある財の価格が
上昇すれば，消費者はその財の需要を減らして別の財の需要を増や
すからです。第 4 章の第 4.2 節のジュースとチョコの選択の例では，
チョコの値段が上がれば，チョコの消費が下がり，その代わりにジ
ュースの消費が多くなりました。

　しかし，総需要関数とは，経済全体の物価と全ての財の需要量の
合計の関係を表したものです。ですから，例えばある経済にジュー
スとチョコだけしか財がないとすると，物価が上がるということは
その 2 つとも同じ比率で値段が上がることを意味します。このとき，
もし所得や所有する債券や株式，不動産などの資産価値も同じ比率

で上昇すれば，実質的な購買力は変わりません。ですから，ジュースの需要量もチョコの需要量も変わらず，その和である総需要量も変わらないはずです。もしそうであれば，総需要は物価と無関係となります。

　ところが，次の2つの理由から，実際には総需要は物価とともに下がっていき，総需要関数を図に表した総需要曲線は右下がりになると考えられます。

　第1に，人々や企業は，資産を債券や株式などとしてだけではなく，日々の買い物や取引のために貨幣（現金や普通預金など）としても保有しています（第5.4.1節）。すると，物価の上昇によって，自分が現在保有している貨幣で買える財やサービスが減ってしまいます。そのため，物価の上昇とともに総需要は減少していくのです。

　第2に，物価が上がったにもかかわらず同じくらいの量の財やサービスを買うとすれば，貨幣をより多く持つ必要が出てきます。これは，今持っている債券や株式などの資産を金融市場で売って現金化しなければならないということです。すると，金融市場で債券や株式の供給が増えますから，その価格が下がり，逆に金利が上がります（第5.3節）。すると，企業はお金を借りて設備投資をしようとする意欲がそがれますから，財に対する需要が下がります。このことからも，右下がりの総需要曲線が導き出されるのです。

● 総供給関数

　次に，総供給関数について考えましょう。総需要関数と同じく，全ての財の価格が上がり，利用する中間財や資本財の価格も賃金も同様に上がれば，企業はそれまでと同じように生産しようとするでしょうから，物価上昇と供給量の間には関係がないはずです。

　しかし，そうはなりません。その1つの理由は賃金の硬直性です。物価が上昇するとき，長期的には，物価と同じ程度に名目賃金も上昇するはずです。なぜなら，**第3章の第3.3.2節**（51ページ）で説明したように，自由な市場経済では賃金は労働の限界生産物で決まるからです。例えばいま，ラーメン店でもう1人雇えばラーメンを1日20杯多く作れるのであれば，賃金はラーメン20杯分となります。1杯分が500円とすれば，日給10,000円となりますが，物価上昇で1杯が2倍の1,000円となれば，日給も2倍の20,000円となるわけです。

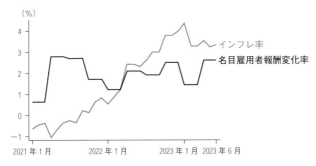

図 5-12　日本のインフレ率と雇用者報酬変化率

出所：日本銀行時系列統計データ検索サイト；内閣府国民経済計算
注：月次のデータを利用して，インフレ率・雇用者報酬変化率は前年同月比の変化率
で定義している。

　しかし，短期的には必ずしもそうはなりません。名目賃金は硬直的で，なかなか変わらないことが多いからです。**第 3 章の第 3.3.3 節**（59 ページ）では，労働契約法などのために賃金が下がりにくく，失業が発生してしまうことを説明しました。賃金が下がりにくいということは，上がりにくいということでもあります。なぜなら，企業はいったん賃金を上げてしまえば，その後状況が変わって下げたいと思っても下げられないので，なかなか上げることができないからです。

　ですから，経済全体の物価が上がって，それとともに自社製品の価格を上げたとしても，企業は賃金を上げるのを躊躇することも多いのです。**図 5-12** を見ると，2021 年後半から 2023 年にかけて急激にインフレ率が上昇したとき，必ずしも名目雇用者報酬（給料の合計額）は同じようには上昇していないことがわかります。

　このように，物価上昇があってもすぐには賃金が上昇しない場合，企業から見た実質的な賃金が低くなっているわけですから，企業は雇用を増やして生産を拡大して，利益を上げようとするでしょう。その結果，物価上昇にともなって企業の生産量，つまり供給量は増えていくのです。これを図に表した総供給曲線は右上がりとなります。

● **総需要関数のシフトによる景気変動**

　さて，**図 5-11** で総需要曲線が AB，総供給曲線が CD で与えられているとき，その均衡は点 X となります。ここで，例えばイン

バウンド観光が活発化して，海外からの観光客が爆買いを始めたとします。これは，同じ物価水準でも国内の需要が増えるということですから，総需要関数がABからEFへと右にシフトすます。すると，新しい均衡は点Yとなり，金融緩和政策以前のXとくらべて，経済全体の物価も生産量も増えるのです。

逆に，リーマン・ショックやコロナ禍のような経済に対するマイナスのショックが起きたとすると，同じ物価であっても人々は将来に対して悲観的となって需要を減らします。つまり，総需要曲線は左にシフトします。その結果，新しい均衡ではコロナ以前にくらべて物価も生産も減るということになります。

このように，経済は様々な需要ショック（プラスも含め）によって，総需要曲線が左右にシフトします。これによって景気変動が起きますが，物価が高いほど生産や所得が多いという関係が生まれるのです。

マイナスの需要ショックによって，物価も生産も下がってしまったときに，金融緩和政策が行われて，貨幣の供給量が増えたとしましょう。その結果金利が下がれば，企業による投資が活発となり，生産に必要な様々な財やサービスの需要が増えます。ですから，左にシフトした総需要曲線をまた右にシフトさせて，物価も生産も元に戻すことができるのです。これが金融政策に景気を安定させる効果がある理由なのです。

5.4.3 　長期の経済学と短期の経済学再考

前の小節で，「短期的には賃金は硬直的」といった長期と短期を区別するような話が出てきました。本章の第5.3節でも「短期的な景気の落ち込みには効果がありますが，必ずしも長期的な経済停滞には大きな効果がない」（95ページ）という話が出てきました。すでに，第0章で長期の経済学と短期の経済学の違いについて述べましたが，ここで今一度整理をしておきます。

本書では，第1章で日本経済はどうして長期にわたって停滞しているのかについて，第8章で開発途上国がどうやったら経済成長できるのかについて解説しています。これらの章では経済全体の成長について考えるときに経済成長論を使って説明していますが，経済成長論は10年，20年，場合によっては40，50年の長期にわ

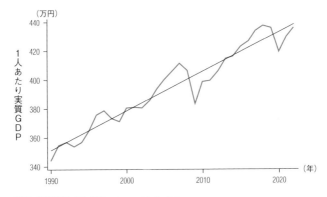

図5-13　日本の1人あたり実質GDP

出所：世界銀行，World Development Indicators

たって経済を成長させるにはどうすればいいかを考える，いわば長期のマクロ経済学です。

　図5-13は，日本の1人あたり実質GDPとその長期トレンドを表したものです。経済成長論は，この図で直線で表されている長期トレンドがどうやって決まっているのか，どうやったら引き上げられるのかを考察しているのです。

　長期のマクロ経済学である経済成長論では，物価やインフレは問題になりません。前の第5.4.2節の総供給関数のところで述べたように，長期的には物価が上昇すれば名目賃金も同じだけ上昇するはずです。物価が2倍になれば，全ての財の価格も賃金も2倍になるので，生産量や消費量（実質生産額や実質消費額）には何ら影響しないという立場なのです。これを，貨幣の中立性とよびます。ですから，第1・8章では貨幣の話は一切出ないのです。

　貨幣の中立性が仮定されているのは，第3・4章で説明した標準的なミクロ経済学でも同様です。これは，標準的なミクロ経済学では価格も賃金も十分に伸縮的だと仮定しており，貨幣がなくても成り立つ「実物的経済」を考えているからです。実物的というのは，実質GDPの実質と同じことで，物価やインフレの影響を考えないという意味です。

　しかし，短期的には貨幣の中立性が成り立つわけではありません。物価の上昇率と賃金の上昇率が必ずしも一致しないのは，図5-12で見た通りです。そのため，現実の経済は，経済成長論で分析され

る長期的な成長のトレンドに加えて，コロナ禍のような様々な経済ショックによって短期的な景気変動を起こしながら動いています。**図5-13**では，日本の1人あたりGDPが長期トレンドに乗りながらも，短期的にはそのトレンドを上回ったり，下回ったりしていることが示されています。

この章は，このような短期の景気変動がどうして起きるのか，それをどうやって金融政策で抑制できるのかを考察する短期のマクロ経済学を解説しています。また，次章では景気変動をどうやって財政政策で抑制するのかについて説明します。これらの理論は，基本的にはジョン・メイナード・ケインズが1930年代に構築したものがもとになっていますので，ケインズ経済学とよばれます。また，それを現代の経済学を使ってより精緻に理論化したものはニュー・ケインジアン経済学とよばれます。

ただし，このような長期・短期の区別があるとはいえ，今から5年以内の経済を考えるときには短期の理論を使い，10年，20年後の経済を考えるときには長期の理論を使うというものでもありません。**図5-13**で示されたように，現実の経済は長期の成長トレンドと短期の景気変動を混ぜ合わせたものです。ですから，例えば日本の経済停滞の処方箋を考える場合にも，長期・短期両方のアプローチから考えるべきなのです。

なお，短期のマクロ経済学であるケインズ経済学は，金融政策や財政政策が生産の増加に有効であると結論づけており，積極的な政策介入を肯定します。それに対して，長期のマクロ経済学である経済成長論は新古典派的であり，政府の介入が効果的でないと結論づけていると一部で考えられているようです。しかし，それは誤解です。確かに，経済成長論は最初にロバート・ソローによる新古典派経済成長論から始まり，理論上は政府の介入によっては経済成長が促進されないとされました。しかし，その後発表されたポール・ローマーによる内生的成長論では，**第1章の第1.4.2節**（25ページ）で解説した知識創造における外部性のために，政府による介入によって経済成長が促進され，人々の厚生が改善することを明確にしています。

同様に，ミクロ経済学が政府の介入を否定していると考えるのも誤りです。**第4章の第4.4節**（72ページ）で強調したように，標準的なミクロ経済学においても，様々な市場の失敗があるときには政府

の介入が必要であることは明らかとなっています。

《本章のまとめ》

- 日本では 1990 年代半ばから 2021 年まで長期にわたってデフレ傾向となり，物価が下落もしくは停滞した。
- デフレは実質金利を上げることで企業の投資を減らして，生産を減らす。
- 日本銀行はデフレに対処するために，ゼロ金利政策や量的緩和政策などの大規模な金融政策を行って貨幣量を増やして名目金利を下げたが，デフレや所得に対しては大きな効果がなかった。

《本章で学んだ経済学のツール》

実質金利：名目金利－インフレ率

金融緩和政策（拡張的金融政策）：日本銀行が市場で国債を買う売りオペによって，貨幣を市場に供給することで，金利を低下させ，物価を上昇させることを目的とした政策。金融引き締め政策（縮小的金融政策）はこの逆。

マネタリーベース（ベースマネー）：市場に出回る現金と金融機関の持つ日銀当座預金残高の和。日銀が直接コントロールできる貨幣供給量。

マネーストック（マネーサプライ）：市場に出回る貨幣供給量の総額。流動性の高い資産（現金，金融機関の当座預金，普通預金，定期預金，CD の残高など）で定義される。

貨幣市場における均衡：人々や企業は日々の取引のために貨幣を保有するが，その需要量は金利とともに減少する。このような貨幣需要と日銀による貨幣供給によって短期の金利が決まる。日銀が貨幣供給を増やすことで，金利は下がる。

総需要・総供給モデル：経済全体の短期的な生産と物価は，総需要・総供給関数の均衡によって決まる。金融緩和で金利を下げて投資が増えれば，需要を押し上げて，短期的に生産を拡大することができる。

より深い理解のための参考文献 ─────────

※マクロ経済学の教科書，日本経済のデフレについては**第 1 章**の参考文献リストを参照してください。

6 日本政府は財政支出を 増やすべきか？

－マクロ経済学－

　前章では，短期的な景気変動に対して金融政策で対処する方法とその効果について解説しました。この章では，もう１つの代表的な政策である財政政策について詳しく説明していきます。はじめに日本政府の財政支出の状況を概観した後に，財政政策がなぜ景気を回復させられるのかを理論的に述べ，データから実際に財政政策が効果的なのかについて見ていきます。章の後半では，理論的な考察をさらに詳しく解説します。

6.1　日本の公共投資・政府消費の推移

　財政政策とは，政府が公共投資や消費を行うことで経済全体の総需要を喚起して，経済を活性化させようとする方法です。公共投資とは，政府や地方自治体が，道路や港湾などの交通や，電気網や通信網，水道などの生活基盤，治水ダムや防波堤など国土保全などに必要なインフラを整備するための投資のことです。政府消費とは，政府や自治体による財やサービスの購入に加えて，公務員の給料や，医療費や介護費の本人負担分以外の費用も含まれます。これは，公務員や医療，介護のサービスに対する対価であると考えられるからです。ただし，年金の支払いなど財やサービスの対価として支払われるものではないものは含まれません。

　公共投資を政府消費と区別するのは，公共投資がインフラという長期間にわたって国民に便益を与えるものに対する支出という意味で投資であるのに対して，政府消費は一過性のものであり，長期にわたる便益は生じないからです。

　図 6-1 は，日本の公共投資と政府消費の対 GDP 比の推移を表したものです。1994 年には，公共投資は GDP の約 9%，政府消費は

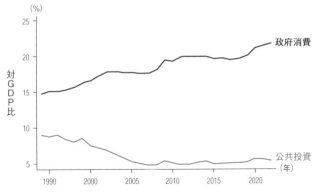

図 6-1　日本の公共投資と政府消費の推移

出所：内閣府「国民経済計算」

約 15% でしたが，2022 年には公共投資は約 5% に減り，政府消費
は約 22% に増加しています。

　政府消費が増加したのは，主に高齢化によって医療費や介護費へ
の支払いが増えたためです。また，公共投資は 2000 年代初めに特
に急激に減少していますが，これは 2001 年に成立した小泉純一郎
内閣が公共投資を削減する方針をとったためです。1990 年代まで，
景気悪化に対処するために公共投資が積極的に使われていましたが，
大規模な公共投資に対する世論の反発に加えて，政府の財政が悪化
したこともあり，大きく方針が転換されたのです。

6.2　日本の政府財政の推移

　このような公共投資や政府消費は，政府の財政でまかなわれます。
ですから，次に日本の政府財政の状況について見ていきましょう。

● 財政収支の状況

　図 6-2 は，1975 年から最近までの政府の歳入（財政収入）と歳
出（財政支出），その差である財政収支の推移を示しています。こ
の図では，収入には国債の発行による収入を含んでおらず，税収と
印紙収入などのその他収入によるものです。ですので，この収入で
はまかなえない財政支出の赤字分は，基本的には国債を発行して人

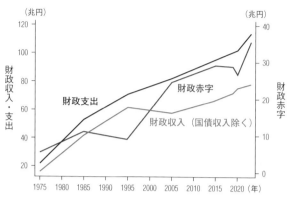

図 6-2　日本の政府歳入・歳出・財政赤字の推移

出所：財務省「財制関係基礎データ」

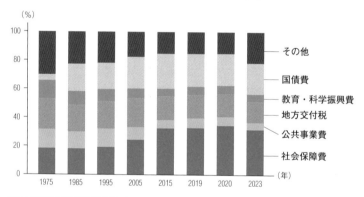

図 6-3　日本の財政支出の内訳の推移

出所：財務省「財制関係基礎データ」

々や企業からお金を借りることによって補填しています。この図か
らは，1995 年ごろから最近にかけて支出は増加しているにもかか
わらず，収入は停滞して，毎年の財政赤字が急増していることがわ
かります。

　政府の歳出が増加しているのは，先ほど見たように高齢化によっ
て医療費や介護費が増えているからでもありますが，それ以上に年
金などの社会保障費が増えているからでもあります。図6-3 は，
財政支出の内訳の推移を表しています。財政支出に占める社会保障
費の割合は，1975 年から 1995 年までは 20％以下でしたが，2020

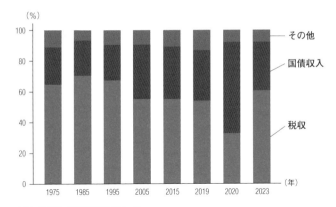

図 6-4 日本の財政収入の内訳の推移

出所：財務省「財制関係基礎データ」

年には 35％に増加しています。それにともなって，公共事業費
（公共投資），教育・科学振興費，地方自治体への財政補助である地
方交付税のいずれもが，支出全体に対する割合を減らしています。
なお，地方交付税というのは，国から地方に交付される補助金のこ
とです。

　また，財政赤字のために国債を発行してお金を借りたら，その利
子を支払ったり，満期が来れば元本を返さなければなりません（**第
5 章第 5.3 節**（89 ページ））。**図 6-3** の国債費というのは，そのための
支出です。財政赤字が増えて，国債の発行額が増えるに従って，そ
の後に利払いや元本の返済が増えますから，当然国債費の割合は
1975 年から 1995 年にかけて増加しています。ただし，2005 年か
ら最近にかけては，約 22％程度で安定しています。

　図 6-4 は，政府の財政収入の内訳を示しています。1975 年から
1995 年にかけては，税金による収入の割合が 60％を大きく超えて
おり，国債による収入の割合は 25％以下でした。しかし，コロナ
前の 2019 年には税収が 54％，国債収入が 34％と国債収入に収入
全体の約 1/3 を依存するという状況になってしまっています。2020
年に極端に税収が落ち，国債収入がその分増えているのは，むろん
コロナ禍での景気後退のためであり，やや例外的であると考えてい
いでしょう。

● 政府債務残高の増加

　財政赤字が増大した結果，日本の政府債務残高，つまり借金の総額もむろん増大しています。**図6-5**は，各国の政府債務の対GDP比の推移を示しています。これによると，1980年頃には日本の政府債務はGDPの50％で，他国とそれほどの差はありませんでした。しかし，2020年には250％を超えるようになり，他の先進国よりは大幅に高く，2010年に財政破綻したギリシャよりも高い数字となっています。

　なお，個人が破産したり，企業が倒産したりするように，国家財政が破綻することは，歴史上しばしば起こっています。その理由も個人や企業と同じです。ある国の政府が借金を繰り返して，政府債務が巨額になると，人々や企業はその政府が将来借金を返してくれるかが不安になります。すると，その国が国債を発行して借金をしようとしても，そんな国の国債は誰も買おうとしませんので，国債の価格は暴落して，政府はお金が借りられません。それなのに，以前発行した国債の利払いや満期はやってきますので，お金が足りなくなれば破綻するしかないのです。

　ただし，個人や企業の場合と違い，国が本当に破綻してしまうと，国内的にも国際的にも大きな混乱が起きてしまいます。ですので，多くの場合には，IMF（国際通貨基金）をはじめとする国際機関や主要国が，その国の政府に資金を貸す金融支援を行って救済します。ギリシャの場合にも，IMFやEU（欧州連合）が金融支援を行いま

図6-5　各国の政府債務（対GDP比）の推移

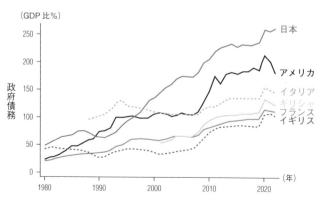

出所：IMF, World Economic Outlook 2023

した。ただし，金融支援を行う側は，その国が支出を削減して緊縮財政を実施して財政赤字を減らす努力をすることを条件とします。ギリシャに対しては，年金の支給額を下げ，国営企業の株式を売却して民営化するなどの条件がつけられました。

● なぜ日本は財政破綻していないのか

　ただし，現在のところ日本が財政破綻する可能性は低いと見られています。国債市場においても，買い手がつかずに価格が暴落するということは起きていません。

　その理由の１つは，政府債務残高の GDP 比は増加しているとはいえ，毎年の財政収支を見ると，一定の改善が見られていることです。図 6-6 は，財政収入，支出，収支の対 GDP 比を日本を含む 4 か国について表しています。縦軸は 4 か国で共通のスケールとなっており，各国間の比較がしやすくなっています。ここでは財政収支として，プライマリー・バランスというものの GDP 比を示しています。通常の財政収支は

財政収支＝国債以外による財政収入－財政支出

であるのに対して，プライマリー・バランスは

プライマリー・バランス
＝国債以外による財政収入－国債費以外の財政支出

で定義されます。つまり，プライマリー・バランスが黒字である状態とは，借金以外の収入で借金の返済以外の支出をまかなえていることを意味します。図では，日本のプライマリー・バランスの GDP 比は 2008 年に約 9％の赤字にまで悪化したものの，コロナ禍以前の 2015 年から 2019 年までは 1.9％から 2.9％の赤字にまで改善しています。

　これは，2010 年には GDP の 30％だった収入が，2021 年には 38％まで改善された半面，支出はコロナ以前には 40％程度に抑えられたためです。このような財政収支の均衡のために政府が努力していることから，人々や企業などの市場の参加者は，日本政府が将来借金を返してくれなくなる恐れは少ないと考えています。そのために，国債は市場で買われていて，日本の財政破綻は今のところは起きていないのです。

図6-6　各国の財政収入・支出・収支の推移

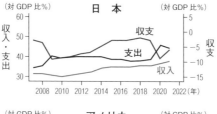

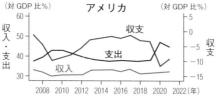

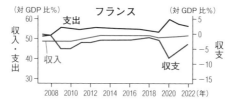

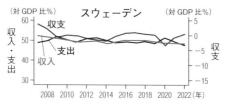

出所：OECD.stat
注：収支はOECDの定義した一般政府プライマリー・バランスの対GDP比を利用。

　もう1つの理由は，もともと日本は国際的に見てGDPに占める財政収入の割合が低く，まだ財政収入を増やす余地があると考えられていることです。**図6-6**によると，日本とアメリカは比較的財政収入と財政支出が少なく，ヨーロッパでは多いことがわかります。つまり，日米政府は，税金が安い代わりに年金などの社会保障が少ない小さい政府で，ヨーロッパの多くの政府は，税金が高い代わりに社会保障が手厚い大きな政府なのです。ですから，まだまだ日本には税収を上げる余地があると，市場では考えられているわけです。
　例えば，消費税を1つとってもそう言えます。我々国民にとっ

ては 10%の消費税は高く感じられますが，国際的に見ると必ずし
もそうではありません。多くのヨーロッパ諸国やオーストラリアで
は消費税の税率は 20%以上です。ですから，日本ではまだまだ消
費税を上げることで税収を上げて国の借金を返すことができるだろ
うと考えられているのです。そのような予想がある限りは，日本の
国債を買う人はいるわけですから，日本政府はお金を借り続けられ
ることができて，財政破綻は起きません。

6.3　財政政策はなぜ景気を改善できるのか

　日本の政府財政の状況が把握できましたので，次に，財政政策が
どのようにして景気を改善し，生産や所得を引き上げることができ
るのかについて考えましょう。

　金融政策は，貨幣量を増やして金利を下げることで，民間の投資
を増やして総需要を引き上げて，その結果，均衡で生産を増やすと
いうものでした。財政支出増による財政政策はもっと単純で，政府
が消費を増やしたり，公共投資をしたりすることで，経済全体の総
需要が引き上げられて，均衡での生産が増えるのです。**第 5 章の
図 5-11**（99 ページ）の総需要曲線と総供給曲線を使えば，総需要曲
線が政府の支出の増加によって右にシフトすることで，均衡での供
給量（生産量）が増えると説明できます。なお，拡張的金融政策と
同様に，このとき物価も同時に上昇します。

● 乗 数 効 果

　さらに，政府の財政支出は，その金額以上に経済全体の生産を増
やす可能性があります。

　そのことを理解するために，**図 6-7** で示すように，政府が 10 億
円分の公共投資をして，それを企業群 A が受注したとしましょう。
企業ではなく企業群といっているのは，直接受注する企業だけでは
なく，その下請け企業など様々な企業が間接的にも 10 億円の一部
を受け取るので，そういった企業を全て含めているからです。国に
よって支払われた 10 億円は，最終的にはその企業群の社員の給料
や株主への配当となります（**図 6-7** の右上灰色の四角）。

　すると，その社員や株主は増加した所得の少なくとも一部を，何

113

図 6-7　財政支出の乗数効果

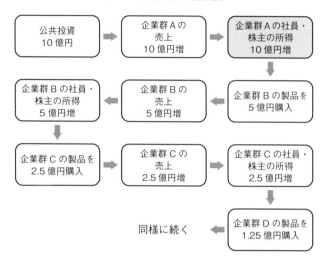

かを購入することに使います。ここでは，企業群Bの財・サービスを所得の半分の5億円分購入したとしましょう。すると，この5億円は結局は企業群Bの社員や株主の所得となります。そして，この半分の2.5億円も企業群Cの財・サービスを買うのに使われて，企業群Cの社員・株主の所得となり，という具合に，どんどん経済全体に需要が拡大していきます（つまり，財・サービスが購入されていきます）。

　最終的な需要の増加分は，10億＋5億＋2.5億＋1.25億＋…となります。このように，10億円の財政支出が10億円以上の需要を増やす効果を，乗数効果といいます。この例からわかるように，乗数効果の大きさは，人々が増えた所得分のうちどれだけ使ってモノを買うかに依存します。この点については，この後の**第6.5.2節**で詳述します。

● クラウディング・アウト効果

　ただし，実際には，いま述べたほどには財政支出は効果的ではないかもしれません。財政支出が増えることで，恩恵を受けた企業や社員，株主はより多くのものを買うために，より多くの貨幣を必要とします。これは，前章の**図 5-10**（98ページ）の貨幣需要曲線を右にシフトさせることになりますから，金利が上昇してしまいます。

また，政府は支出を増やすために，国債を発行して資金調達しなければならないかもしれません。すると，国債の供給が増えて，国債の価格が下がり，やはり金利が上がることになります（**第5章第5.3節**（89ページ））。

金利が上がれば他の企業の投資意欲が減退し，その分需要が減ることになります。このように，財政支出の増加が金利の上昇を通して民間の需要を減らしてしまうことをクラウディング・アウト効果とよびます。

ですから，財政支出が経済全体にどのくらい需要創出効果があるかは，単純な乗数効果からクラウディング・アウト効果を引いたネットの乗数効果の大きさに依存します。実証的には，日本における財政支出の効果は近年低下していることが指摘されています。ある研究によれば，以前は財政支出の増加によってその増加分の2.3倍だけ実質GDPが増加しましたが，1985年以降にはそれが0.44倍に低下したといいます[1]。これが正しければ，10億円財政支出をしても，4.4億円分しか需要は増えないということになります。財政支出の経済効果については，次節でさらに詳しく見ていきます。

● 減税による財政政策

なお，財政政策として，財政支出を増やすほかに，減税によって財政収入を減らす方法もあります。減税が実施されると，国民が自分たちで使える所得，つまり可処分所得が増えます。その所得の一部を何らかの財・サービスを購入すれば需要は増加し，さらにそれが需要の増えた企業の社員や株主の所得増につながります。このように，財政支出と同様に連鎖的に需要を増やしていくのです。

しかし，単純な理論では，減税の乗数効果は財政支出よりも小さいと考えられます。例えば，減税によって国民の所得が10億円増えたとしましょう。その所得のうち半分の5億円が使われるとすると，減税の乗数効果のプロセスは**図6-7**の右上の灰色の四角から始まるようなものです。財政政策と異なり，最初に政府が10億円分の需要を創出するところがないのです。ですから，減税による需要増は5億＋2.5億＋1.25億＋…となって，財政支出よりも少なくなります。

---

1 Auerbach, A. J. and Y. Gorodnichenko（2017），"Fiscal multipliers in Japan." *Research in Economics*, 71(3)：411-421.

　ただし，このような単純な理論通りになるかどうかははっきりしません。例えば，所得税の減税によって，労働意欲が高まって生産性が高まるかもしれません。企業の利益に対する法人税を下げることによって，国内外からの投資を呼び込んで生産や雇用を拡大できるかもしれません。ですから，減税には需要創出以外の効果もありますので，乗数効果の理論だけをよりどころとして，常に減税よりも財政支出増のほうが効果的だとは結論づけることは，必ずしも正しくありません。

　むろん，財政支出増にも需要創出以外の効果はあります。需要創出だけを考えれば，政府が10億円の財政支出をすれば，どんな形で10億円が使われようが同じだけの効果となります。しかし，社会基盤となるインフラの整備をする公共投資には，長期的な効果があります。交通インフラによってモノ，人，金，情報，知識がより活発に行き来するようになりますので，長期的な投資や技術進歩にも決定的な影響を与えます。ただし，どのようなインフラに投資するかによってもその効果は変わってきます。財政支出の効果，そして財政支出と減税の是非を考えるときには，需要創出だけではなく，このような長期的な視点も必要です。

6.4　実際に財政政策は効果があるのか

　前節で，財政政策の効果について理論的な考え方をまとめました。では，実際に財政政策には景気を拡大する，つまりGDPを引き上げる効果があるのでしょうか。日本と各国のデータで検証してみましょう。

　まず図6-8は，日本の公共投資・政府消費とGDPの推移を表しています。左の図を見ると，公共投資が上下すると，数年のタイムラグがあって同じように名目GDPが上下しているように見えます。例えば，2000年以降公共投資が急減した後，2007年からGDPが急減し，2011年以降公共投資が若干伸びるとともにGDPも増えています。ただし，2007年から数年間のGDPの急減はリーマン・ショックから始まる世界金融危機のためであり，2011年以降に公共投資が増えているのは東日本大震災からの復興のためですので，公共投資とGDPの関係に因果関係があるかは注意して解釈する必

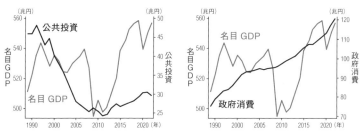

図 6-8　日本の公共投資・政府消費と GDP の関係

出所：内閣府「国民経済計算」

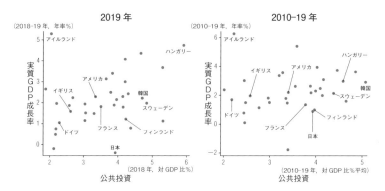

図 6-9　OECD 諸国の公共投資と GDP 成長率

出所：OECD.stat；世界銀行, World Development Indicators
注：1 人あたり GDP 成長率は各国の通貨建ての実質値を基にしている。

要があります。

　右の図を見ると，政府消費と GDP との関係はもっとはっきりしません。政府消費は医療費・介護費の増大とともに一貫して増加していますが，GDP の動きはそれに呼応しているとは言えません。

　次に，世界各国の傾向を見ていきましょう。図 6-9 は，OECD 諸国の公共投資の対 GDP 比と実質 GDP 成長率を比較したものです。左の図は，2018 年の公共投資と，2018 年から 2019 年の GDP 成長率の関係，つまり短期的な関係を表しています。この図では，アイルランドのような例外はあるものの，この 2 つには正の相関関係があるように見えます。

　図 6-9 で右の図は 2010 年から 2019 年の公共投資の対 GDP 比の平均と，同じ期間の GDP の平均年率成長率の関係を表しています。前の第 6.3 節でインフラに対する公共投資には長期的な経済効

6.4

実際に財政政策は効果があるのか

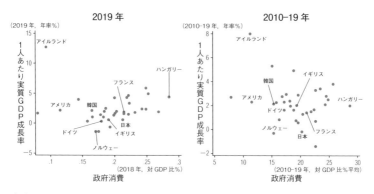

図 6-10　OECD 諸国の政府消費と GDP 成長率

出所：Penn World Tables，ver.10.01
注：1 人あたり GDP 成長率は購買力平価を調整した実質値を基にしており，図 6-9 とは一致しない。

果もあると説明しました。この図は，そのような長期の効果を見て
います。ここでも，大まかには正の相関関係が見られますが，左図
の短期的な関係にくらべると弱いように見えます。

　次に，政府消費と GDP 成長率の関係を，**図 6-10** でやはり短期
と長期両方で見てみましょう。アイルランドを除けば，短期的には
政府消費と経済成長との間には正の相関があるものの，長期的には
その関係がほとんどないようです。政府消費は，公共投資と違って
もともと長期の効果は期待できませんから，これの結果は当然かも
しれません。

　むろん，これらの図で見たのは非常に単純な相関関係であって，
財政政策が GDP におよぼす因果関係をきちんと推計しているとは
いえません（この点については**第 11 章**を参照してください）。こ
の効果を計量経済学的な方法で実証した研究は数多くあります。し
かし，マイナスの効果を見出したものもあれば，プラスの効果を見
出したものもあり，必ずしもはっきりとした結論が得られていませ
ん。

　財政政策は，短期的にもクラウディング・アウトのためにその効
果が小さくなることもあり，長期的にも公共投資のやり方によって
は非効率になってしまうこともあります。ですから，結論としては，
理論的にも実証的にも財政政策には一定の効果があるとはいえ，常
に効果があるわけではないということになるでしょう。そのため，
財政政策を実施する上では，その効率性に十分に配慮することが必

要です。特に，公共投資については，長期的な効果を見すえて無駄
のないように実施していくことが求められます。

6.5 マクロ経済学のツール

6.5.1 総供給・総需要・総所得

　この節では，マクロ経済学でよく使われる総供給と総需要の関係
について整理します。

　第5章の第5.4.2節（98ページ）では，経済全体の均衡で総供給と
総需要が一致することを見ました。これは，生産されたものは全て
誰かに購入されるからです。なお，供給とは，企業が市場に財・サー
ビスを供給する，もしくは供給しようとするということですので，
生産と同じ意味です。需要とは，人々が市場で財・サービスを購入
する，購入しようとするということです。

　ですから，**第2章の第2.1節**（29ページ）では経済全体の付加価値
生産額の総和であるGDPは，労働所得と資本所得の和としても測
れると述べましたが，実際には需要の和としても測れます。ただし，
総需要は財・サービスの需要者（購入者）の種類によって，いくつ
かに分類することができます。

　人々（消費者）が財・サービスを購入するときには消費とよばれ
ます。企業が生産活動のために財・サービスを購入すれば，投資で
す。また，政府が財・サービスを購入すれば，それは政府支出です。
貿易を無視すれば，総需要はこの3つにわけることができます。

　ここで，消費量（実質消費額）をC，投資量をI，政府支出をG
で表すと，総需要は$C+I+G$で表されます。総供給（つまり
GDP）をYで表すと，

$$Y \quad = \quad C \quad + \quad I \quad + \quad G$$

総供給　　人々に　　企業に　　政府
総生産　　よる　　　よる　　　支出
GDP　　　消費　　　投資

総需要

が均衡では成り立ちます。

　なお，貿易を考えると，海外の人や企業が国内の財・サービスを
買えば，それは輸出です。これをEXで表します。また，国内の人，

企業，政府が輸入品を買うこともありえます。これをそれぞれ C_{IM}，I_{IM}，G_{IM} としましょう。すると，国内の消費のうち，国内で生産された財・サービスに対する消費は $C-C_{IM}$ となります。投資や政府支出も同様です。国内の生産量 Y は，国内の財・サービスの消費，投資，政府支出と輸出の和である国内需要に一致するはずですので，

$$Y=(C-C_{IM})+(I-I_{IM})+(G-G_{IM})+EX$$

となります。さらに，消費，投資，政府支出のうち，海外で生産された財・サービスに対するものの総和 $C_{IM}+I_{IM}+G_{IM}$ は総輸入量ですので，これを IM とすると，上式をまとめて

$$Y=C+I+G+(EX-IM)$$

と表すことができます。$EX-IM$ とは，輸出と輸入の差で，純輸出とよばれます。

このように，GDP を消費，投資，政府支出，純輸出の和として測ることができるのです。実際，各国は GDP を，生産（供給）面から付加価値生産額の和として，所得面から労働所得と資本所得の和として，支出（需要）面から需要の和として測り，大きな差がないかを確かめています。

6.5.2　財政支出の乗数効果

第6.3節では，政府が財政支出をすると，需要増と所得増が連鎖していくことで，財政支出分よりも多くの需要が増え，生産も所得も増えるという乗数効果について述べました。図 6-7 の例から，財政支出が 10 億円分増えて，人々は増えた分の半分を消費に回す場合には，最終的な需要の増加分は 10 億＋5 億＋2.5 億＋1.25 億＋…となることがわかりました。これは，等比数列の和として計算することができます。つまり，

$$S=10\text{ 億}+5\text{ 億}+2.5\text{ 億}+1.25\text{ 億}+\cdots$$

とすると，$0.5S$ は

$$0.5S=5\text{ 億}+2.5\text{ 億}+1.25\text{ 億}+\cdots$$

となり，両辺の差をとると，$0.5S=10$ 億となり，$S=20$ 億となり

ます。したがって，乗数は20億÷10億＝2です。

　より一般的に考えて，人々は所得の増加分のうち x だけの割合を消費に回すとしましょう。つまり，図6-7の例では $x=0.5$ です。このような x を限界消費性向といいます。このときに，政府支出が1円増えたとすると，需要の増加分の合計は，

$$S=1+x+x^2+x^3+\cdots$$

となります。先ほどと同様に xS を

$$xS=x+x^2+x^3+\cdots$$

と表して，両辺の差をとると，$(1-x)S=1$ となり，乗数 S は $S=\dfrac{1}{1-x}$ となることがわかります。ですから，限界消費性向が大きければ大きいほど，財政政策の効果の大きさを表す乗数は大きくなるのです。これは，増えた所得の多くが消費されれば，より需要は増えるわけですから，当然といえば当然です。

6.5.3　財政赤字は問題なのか

　第6.2節では，日本の政府債務の対GDP比が上昇していて，他国にくらべて極端に高くなっていることを見ました。ところが，日本ではギリシャのような財政破綻が起きていません。このような状況で，日本は政府債務の増加を気にせずに，さらに借金をしてでももっともっと財政政策を行うべきだという意見があります。逆に，政府債務が巨額になりすぎるのは問題で，財政支出を抑えて政府債務を縮小していくべきだという意見もあります。どちらが正しいのでしょうか。

　財政政策拡大支持派の意見は，3つの点で問題があると考えられます。まず第1に，第6.2節で今は日本で財政破綻が起きていない理由を2つ挙げました。1つは最近では財政収支が改善されていること，もう1つは税収の増加の余地があることです。これらのことから，市場では日本政府が財政破綻する可能性は少ないと考えられていて，日本の国債を買おうという人や企業がまだまだ多いのです。

　しかし，政府がもっともっと財政支出を行おうという政策に転換

すれば，このような市場の期待（予想）は変わっていくでしょう。もし，市場の参加者の多くが日本政府が財政破綻する可能性が大きいと考えれば，その人たちは日本の国債を売るでしょう。それによって，日本の国債の価格は下がります。

　しかも，そのようなネガティブな予想が他の市場参加者に伝染して，ますます日本の国債を売る人が増えるかもしれません。いったん，「売りが売りを呼ぶ」という状況になれば，日本の国債を買う人はいなくなって，政府は国債を売ってお金を借りることはできなくなり，財政破綻に追い込まれるかもしれません。このように，多くの人が「こうなるだろう」という予測をしたために，実際にそのことが起きてしまうようなことはありえます。これを自己実現的な予言といいます。

　ですから，現在巨額な政府債務がありながらも財政破綻していないからといって，これからもそうだとは限りません。自己実現的な予言を止めるには，日本の財政状況が市場から信頼される状況を維持する必要があるのです。

　第2に，財政政策を拡大すると，インフレが起きます。これは，金融緩和政策と同様です。財政支出の拡大は，**図 5-11**（99ページ）の総需要曲線を右にシフトさせますから，均衡での生産も増えますが，物価も上がります。ですから，過度な財政政策は激しいインフレを起こしてしまう可能性があります。**第5章の第5.2節**（83ページ）で述べたように，2%程度の緩やかなインフレはむしろ望ましいのですが，5%を超えるようなインフレは弊害のほうが大きいと考えられます。デフレ期であればまだしも，ある程度のインフレが起きているときには，大規模な財政支出の発動には注意が必要です。

　最後に，借りた借金はいつかは返さなければなりません。お金を借りて利子を払い続ければ，その借金を永遠に持ち続けることは可能です。しかし，政府債務が GDP に対して増え続けるという状況は持続できないでしょう。であれば，いま財政支出を拡大したならば，将来その借金を返していかなければなりません。それでは，現役世代が借りた借金を将来世代が返すということになりかねず，世代間の所得格差を拡大することにもなります。

　むろん，これまで本書を通じて強調してきたように，市場が失敗することは数多くのケースであり，それに対する政策介入は絶対に必要です。ただし，財政支出を増やしさえすれば，日本経済は停滞

ライブラリ データ分析への招待 <編集>大屋幸輔

Rによるマーケティング・データ分析
基礎から応用まで

ウィラワン ドニ ダハナ・勝又壮太郎 共著 A5判／328頁 本体2,500円

今日，ICTの著しい発展により市場と顧客に関するデータを大量に収集し保管することが可能になった。本書では，データ分析の手法を基礎から応用まで解説する。分析はR言語を用い，データをダウンロードすることで読者は手を動かしながら理解を深めることができる。

<目次>
マーケティングにおけるデータ分析の必要性／マーケティング・データの特徴と分析／データ処理の基礎／売上げデータの分析／選択問題の分析／複数の選択肢がある問題の分析／異質な消費者の選択行動の分析／店舗利用行動と購買金額に関する分析／カウントデータの分析／販売期間に関する分析／新製品開発の調査と分析／消費者態度の測定と分析／複雑な関係の分析／異質なマーケティング効果の分析／複数の消費者反応の同時分析／自然言語データの分析

ベイズ分析の理論と応用
R言語による経済データの分析

各務和彦 著 A5判／240頁 本体2,100円

データサイエンスを学ぶ上で必須となるベイズ統計学について，理論からデータ分析の実践まで解説したテキスト。分析のために用いるR言語の使い方や，確率分布についても付録で丁寧に紹介する。

実証会計・ファイナンス
Rによる財務・株式データの分析

笠原晃恭・村宮克彦 共著 A5判／408頁 本体2,800円

R言語を用いた会計・ファイナンス分野のデータ分析について，基礎から応用までを解説したテキスト。会計・ファイナンス分野の基礎知識とR言語のスキル両面について説明し，データセットをダウンロードすることで，読者が手を動かしながら理解を深められる構成とした。

経済学新刊

ライブラリ 経済学15講 3

マクロ経済学15講

河原伸哉・慶田昌之 共著 　　　　A5判／232頁　本体2,150円

マクロ経済学の基礎理論をコンパクトにまとめた入門テキスト。ケインズ派マクロ経済学と新古典派マクロ経済学を対比して，その違いがわかりやすいよう構成。初学者には直感的に理解しにくい内容・概念も記述・構成に工夫をして見通しよく解説した。読みやすい2色刷。

ライブラリ 経済学への招待 2

ミクロ経済学への招待

島田　剛 著 　　　　A5判／264頁　本体2,450円

ミクロ経済学のもっとも易しいレベルに設定しつつ，中級，あるいは経済学の他の関連分野にも興味が湧くように作られた入門テキスト。経済学を初めて学ぶ人や，データ分析に興味がある人などを想定して，それぞれに役立つ知識を直感的に理解できるよう解説を心がけた。2色刷。

初めて学ぶミクロ経済学

柴田　舞 著 　　　　A5判／224頁　本体2,100円

経済学のみならず社会科学全般に重要となるミクロ経済学の要所を網羅したテキスト。大学で初めて経済学に出会う学生を前提に基礎をじっくりと解説する。問題を解くことで理解を深めることを重視して各項の解説の後に確認問題を挿入し，章末にはまとめの問題を設けた。2色刷。

ライブラリ 経済学15講 2

ミクロ経済学15講

小野﨑保・山口和男 共著 　　　　A5判／336頁　本体2,750円

15講を通じてミクロ経済学の根幹となる考え方がマスターできるよう項目を厳選して構成した入門テキスト。図表をまじえた解説をベースに，順次数式を用いた説明を含め，適切な練習問題を設けて読者を着実な理解へと導き，発展的な学修の礎を築けるよう配慮した。2色刷。

ライブラリ 現代経済学へのいざない 3

金融論 Theory&Practice

鎌田康一郎 著 　　　　A5判／344頁　本体2,900円

日本銀行において調査・研究・実務に携わってきた著者が，金融論の基礎理論と，実践的視点からの金融の諸問題についての分析を説き明かした新しいスタイルのテキスト。金融論に興味を持つ入門者から中級レベルまで，幅広い読者に有用な知見を提供する。読みやすい2色刷。

ライブラリ 経済学への招待 5

財政学への招待

中川雅之 著　　　　　　　　　　A5判／264頁　本体2,300円

政府の経済活動が人々の現在や将来にもたらす意味を説き明かした新しいスタイルの財政学テキスト。行動経済学の知見も含め，必ずしも合理的ではない個人を前提とした分析も紹介。近年直面する多様な危機への対応の問題も論じる。2色刷として図解を多用し一層の理解を配慮。

ライブラリ 経済学15講 6

国際経済学15講

伊藤恵子・伊藤 匡・小森谷徳純 共著　　A5判／248頁　本体2,300円

国際貿易論の最新入門テキスト。国家間の貿易パターンはどう決まるのか，何が貿易の利益でどう分配されるのか，といった問いに関する基礎的な経済理論を解説する。二国間や多国間での貿易自由化を推進する枠組み，国境を越えた生産分業の現状など発展的内容も紹介。2色刷。

ライブラリ 経済学基本講義 2

基本講義 マクロ経済学 第2版

中村勝克 著　　　　　　　　　　A5判／280頁　本体2,550円

学びやすく使いやすいマクロ経済学の入門テキストとして幅広く好評を得た書の新版。各章をStory編とTechnical編に分けて解説し，直観的理解から確実な理解へと導く流れはそのままに，統計データを更新し，記述や構成を見直して，一層の内容拡充をはかった。2色刷。

経営学新刊

経営学入門

立教大学経営学部 編　　　　　　　A5判／272頁　本体2,450円

「企業」と「経営学」の入門テキスト。企業の営みのさまざまな側面を紹介しながら，具体的に経営学の基本的概念を理解できるよう解説。企業経営の基礎・企業の基本的な活動・企業の活動を方向づけ，成長させる諸活動・企業とガバナンスの4部により構成。読みやすい2色刷。

グラフィック経営学ライブラリ 5

グラフィック ヒューマン・リソース・マネジメント

守島基博・島貫智行 編著　　　　　A5判／272頁　本体2,600円

人材マネジメント論の第一人者である編者と第一線にいる研究者によりまとめられた最新テキスト。左頁の本文解説に右頁の図表・コラムが対応した左右見開き構成により一層の理解を配慮した。見やすい2色刷。

法学新刊

コア・ゼミナール 会社法

川村正幸・芳賀　良 編著　　　　　　　A5判／288頁　**本体2,500円**

会社法の重要論点に関する100の設問とその解説から構成された演習書。設問に取り組むことで，会社法に関する知識の確認，整理をすることができ，事例から論点を抽出する力や規定を具体的事例にあてはめて解答する力を養うことができる。読みやすい２色刷。

ライブラリ 現代の法律学 B16
金融商品取引法

飯田秀総 著　　　　　　　　　　　　A5判／472頁　**本体3,400円**

本書は，資本市場に関する基本法というべき金融商品取引法を概説した基本書・体系書である。会社法との関係から会社関係者の利害調整のルールまで，著者が実際に行ってきた講義に基づいた解説により，金商法の骨格を理解し，大きな視点を獲得することを目指している。

コンパクト 法学ライブラリ 10
コンパクト 刑法総論 第2版

只木　誠 著　　　　　　　　　　　　四六判／360頁　**本体2,300円**

2022年刑法改正に対応し，初版刊行後の判例を含めた新版。興味深いケースからなる設問を各章の冒頭におき，読者の問題意識を喚起しながら刑法総論の基礎を説き明かすスタイルはそのままに，必要に応じて加筆・修正を行い，一層明確で精緻な解説とした。

新法学ライブラリ 10
民事訴訟法 第2版

小林秀之 著　　　　　　　　　　　　A5判／480頁　**本体3,650円**

単独著の一貫した論述から民訴法の全体像を説く標準的教科書の新版。近時の民法改正，新判例に対応して内容更新のうえ民事裁判手続のIT化や法定審理期間訴訟創設を行う令和４年改正について補論で解説。

ホームページのご案内
https://www.saiensu.co.jp

発行 新世社　　発売 サイエンス社

〒151-0051　東京都渋谷区千駄ケ谷1-3-25
TEL (03)5474-8500　FAX (03)5474-8900

＊表示価格はすべて税抜きです。

から抜け出せるという議論は乱暴のように感じます。

《本章のまとめ》

- 日本では高齢化による政府消費の増加のために，財政赤字が続き，政府債務が増加している。
- 財政支出の拡大は総需要を増やすことで，短期的に生産を拡大することができる。インフラに対する公共投資は，長期的な効果もある。
- 実証的には，財政支出は GDP に対して一定の効果が認められる。特に，公共投資の短期的な効果が大きい。

《本章で学んだ経済学のツール》

総供給と総需要：総供給（総生産）＝総需要＝人々による需要（消費）＋企業による需要（投資）＋政府による需要（政府支出）

拡張的財政政策：積極的に財政支出を拡大することで，総需要を増やし，短期的な生産を増やそうとする政策。

乗数効果：財政支出が1円増えることで人々の所得が1円増え，そのことで消費が増えるためにさらに需要が喚起され，最終的には1円以上の所得増となること。

クラウディング・アウト効果：財政支出の増加によって金利が上昇し，民間投資が減ってしまうことで，財政政策の効果が小さくなってしまうこと。

財政破綻：財政支出をあまり拡大しすぎて政府債務が大きくなりすぎれば，国債の信用がなくなり，財政破綻する危険性がある。

より深い理解のための参考文献 ──────

※マクロ経済学の教科書，日本経済の財政問題については**第1章**の参考文献リストを参照してください。

7 経済のグローバル化は 何をもたらしたのか？

－国際経済学－

　1990年代から経済のグローバル化が進んでいます。経済のグローバル化とは，ここでは特に国際貿易や国際投資の拡大を指します。この章の前半では，グローバル化の拡大や停滞の動きを概観した後，それが経済に及ぼした影響や，その拡大や停滞の要因について解説します。さらに後半では，貿易の利益・不利益を理論的に説明した後，国際貿易・投資に関するルールを紹介します。

7.1　グローバル化の拡大と停滞

　まず，国際貿易と国際投資について定義しておきましょう。

● 国 際 貿 易

　国際貿易には，自動車やコメなどモノの貿易だけではなく，サービスの貿易も含みます。サービス貿易には，いくつかの種類があります。1つ目は，ある国の企業が自国に居ながらにして，別の国の企業や人々にサービスを提供する場合です。例えば，アメリカのコンサルティング会社が，インターネットを通じて日本の企業に法的な情報提供やビジネス戦略指導を行うのが，それにあたります。

　2つ目は，ある国の企業が別の国から来た企業や人に対してサービスを提供する場合です。例えば，インバウンドの中国人旅行客が日本のホテルに泊まってレストランで食事をすれば，日本から中国にサービスが輸出されたことになります。

　3つ目は，ある国の企業が別の国に支店を作ってサービスを提供する場合です。例えば，日本の銀行が外国に支店を作って金融サービスを行ったり，運送業者が外国に拠点を設けて現地で貨物の集配を行ったりすることが，サービス貿易となります。

最後は，ある国の人が別の国に短期的に滞在してサービスを提供する場合です。外国人のプロスポーツ選手が国内で試合をしたり，外国人の技術者が短期的に技術指導をしたりするのが，それにあたります。

● **国 際 投 資**

　次に，国際投資には大きく2種類あります。1つはポートフォリオ投資といわれるもので，利子や配当，キャピタルゲインを得る目的で外国の株式や債券を買うことがこれに該当します。配当とは，企業が株主に対して利益を還元するもので，キャピタルゲインとは株価が高くなることで得られる利益のことをいいます。

　もう1つは海外直接投資といわれるもので，これは海外で企業を経営するための投資です。海外直接投資はさらに2つにわけられます。1つは，例えば日本の自動車メーカーが東南アジアに工場を新しく建てる場合のように，新しく海外に子会社を設立するケースです。これを，グリーン・フィールド投資とよびます。

　もう1つは，すでに海外に存在している企業を合併・買収（M&A）することでその企業の経営権を得るものです。外国の株式を買う場合でも，非常に多くの株式を買えば，その企業の経営に参画することができますから，ポートフォリオ投資ではなく，直接投資とみなされます。OECD（経済協力開発機構）やIMF（国際通貨基金）では，株式持分の10%以上を取得する場合を直接投資と定義しています。

　直接投資とポートフォリオ投資のどちらもが資金が国境を越えて動くという点では同じですが，直接投資のほうが外国の企業が国内企業の経営に携わるという意味で，より大きな影響を経済に与えると考えられます。

● **グローバル化の推移**

　以上のように定義された財とサービスの輸出額を世界各国について足し合わせた総額を**図7-1**に，対外直接投資額の総額を**図7-2**に示しています。貿易額も直接投資額も，1990年代から急激に伸びているのがわかります。1990年には貿易総額は4.3兆ドル，直接投資総額は2,779億ドルだったものが，2000年にはそれぞれ8.0兆ドル，4,010億ドルに，2022年には31兆ドル，2.1兆ドルにな

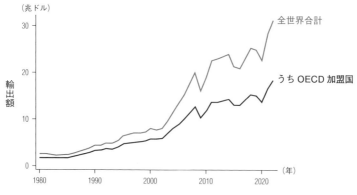

図7-1　世界各国の貿易総額

出所：世界銀行，World Development Indicators

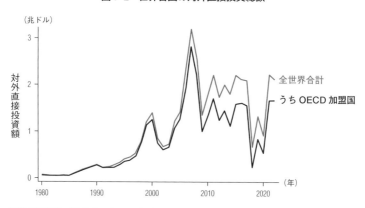

図7-2　世界各国の対外直接投資総額

出所：世界銀行，World Development Indicators

っています。

　また，この2つの図では，OECD諸国による輸出総額，直接投資総額も示しています。1990年には，OECD諸国のシェアは輸出で77％，直接投資で96％でしたが，2022年にはそれぞれ59％，80％まで低下しています。つまり，以前は先進国が国際貿易や国際投資の大半を担っていたのが，最近では開発途上国や新興国の役割が大きくなってきているのです。これは，経済のグローバル化が先進国だけではなく，途上国・新興国でも起きていることを示しています。

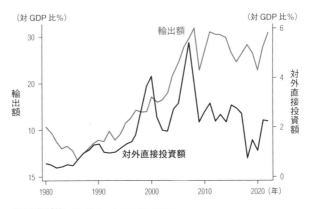

図 7-3　世界各国の国際貿易・投資総額の対 GDP 比（%）

出所：世界銀行，World Development Indicators

さらに**図 7-1** と**図 7-2** をよく見ると，経済のグローバル化が必ずしも一本調子では進んでいないことがわかります。特に，2007年にリーマン・ショックを契機として起こった世界金融危機直後には，国際貿易も国際投資も激減しました。その影響はその後も続き，2010 年代には貿易の伸びは 2000 年代にくらべると小さく，直接投資は 2007 年のピークにまで回復することなく，停滞が続いています。さらに，2020 年に起きた新型コロナウイルスの世界的感染拡大（パンデミック）で，貿易も直接投資も再び縮小しました。

　しかも，**図 7-1** と**図 7-2** では，名目の貿易総額，直接投資総額を示していますが，これを世界の GDP 総額の比に直した**図 7-3** を見ると，グローバル化の停滞が顕著にわかります。世界金融危機以降，貿易額の対 GDP 比はやや減少していますし，直接投資額の対 GDP 比は大幅に減少し，2020 年前後には 1990 年代前半と同等のレベルになっています。2010 年以降は，世界経済全体の規模（GDP）の成長にくらべると，国際貿易や投資の成長は低くなっており，このような下落傾向が見られるのです。

　以上で概観したグローバル化の推移を受けて，次の**第 7.2 ～ 7.3節**では，なぜ 2007 年の世界金融危機まではグローバル化が急速に拡大したのかを，**第 7.4 節**では，逆に世界金融危機以降はなぜグローバル化が停滞しているのかについて考えます。

7.2 グローバル化は経済に恩恵をもたらす

　世界金融危機までの数十年間にわたって経済のグローバル化が拡大したのは，一般的にはグローバル化が経済的な恩恵をもたらすからです。**第3章の第3.2節** (43ページ) では，グローバル化が所得格差の増大に寄与した可能性についてふれました。しかし，分配の問題をとりあえずおいて，全体に目を向ければ，グローバル化には経済全体の総生産や総所得を増やす働きがあると考えられます。その理由は主に3つあります。

● 比較優位の理論

　第1に，国際貿易が経済に及ぼす利益として，デヴィッド・リカードが提唱した比較優位の理論がよく知られています。この理論については本章の後半の**第7.5.1節**で詳しく説明しますが，その要点を理解するために，まずは国単位の貿易ではなく個人単位の交易の利点を考えてみましょう。

　大昔の交易のない状態では，個人個人が自分の消費するものを全て自分で生産しなければなりませんでした。でも，食べるもの，着るものから住むところまで，全てのものを自分で作るのは大変で，無人島で1人で暮らしたロビンソン・クルーソーのような不便な生活しかできません。

　しかし，他人との交易があれば，それぞれの人が比較的得意なこと，つまりに比較優位のある仕事に特化して，稼いだお金で他のいろいろなものを買うことができます。そうすることで，より効率的に様々なものを手に入れ，より便利な生活を送ることができるのです。現代の人々は，自分の仕事に専念して稼いだお金で，衣服もスマホも自動車も買って生活しています。交易のない状態で，コメも衣服もスマホも自動車も1人で生産できる人がいるとは考えられません。これこそが交易の利点なのです。

　国と国の貿易の利点も同じです。それぞれの国が自分の得意な産業の生産に特化して，その製品を輸出して得た外貨で他の物を輸入すれば，貿易をしないで自給自足する場合よりも全ての国の人々の生活レベルは向上します。これが比較優位の理論の結論です。

● 資源の効率的利用

　第2に，国際投資によっても資本を効率的に利用することができ，各国の生産や所得は拡大します。例えば，日本で資金が余っているのに，国内にあまりよい投資案件がない場合を考えてみましょう。そのときに，もし国際投資が自由にできて，外国では高い収益率が期待できる投資案件があるのであれば，日本人は余った資金を外国に投資することで儲けることができます。投資を受けた外国にしても，日本からの資金で事業を拡大することができるわけですから，日本も外国も両者が利益を得ることになります。

　さらに，貿易も投資も自由にできるのであれば，企業はどの国から原料や部品を調達し，どの国で生産をし，どの国に売るかを自由に決めることができます。それによって，世界各国の生産資源を効率よく利用して，安くて価値の高い製品を作ることができます。**第3章の図3-13**（59ページ）では，製品開発から部品の製造，組み立て，マーケティングなどの活動を通じて企業がつながるバリューチェーン，もしくはサプライチェーンのことを説明しました。世界中に効率的に配置されたグローバル・バリューチェーンによって，企業も人々もは大きな利益を得ているのです。

● 知識・情報の波及効果

　最後に，貿易や投資を通じて国内の企業や人材が海外の企業や人材と接触することで，外国の新しい知識や技術，情報を吸収して，イノベーションや創意工夫が活発に起きるようになります。このようにして技術レベルが上がっていくことで，同じだけ労働力と資本財を使ってもより多くの生産ができるようになります（**第1章第1.4.1節**（18ページ））。また，労働の限界生産物も増加しますので，労働者1人1人の賃金も増えます（**第3章第3.3.2節**（51ページ））。

　例えば，ある国の企業が製品を輸出するとき，他国の輸入業者はその製品の質を高めるために輸出業者に対して技術指導を行うことがよくあります。直接輸入業者による技術指導がなくても，輸出業者は他国で販売しようとするときに，そのマーケットをよく調べて，たくさん売れるように工夫を凝らします。このように輸出によって技術を取得することは実際によく観察されており，輸出による学習とよんでいます。

　国際投資によっても同じようなことが起こります。特に，外国企

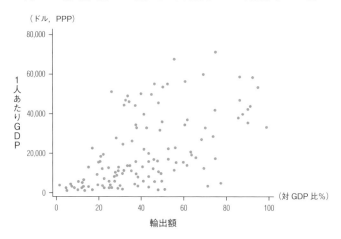

図 7-4　輸出額（対 GDP 比）と 1 人あたり GDP の相関（2022 年）

出所：世界銀行，World Development Indicators

業がある国に直接投資を行って生産を行うとき，その国ではあまり見られない新しい機械や技術，知識を用いることも多くあります。すると，そういった外資企業の労働者が国内企業の労働者と情報交換をしたり，国内企業に転職したりすることで，外資企業の技術や知識が国内に波及していきます。これを直接投資によるスピルオーバー（波及）効果とよんでいます。

　このように，経済のグローバル化は企業の生産や労働者の所得を向上させる働きがあります。だから，企業がその利益を求めて国際貿易や直接投資を拡大していくのは自然な流れです。これが，グローバル化の拡大の最大の要因です。

　図 7-4 は，輸出額の対 GDP 比が大きいほど，1 人あたり GDPが大きい傾向にあることを示しています。ただし，この単純な散布図は輸出をすれば 1 人あたり GDP が増えるという因果関係を示しているとは必ずしも限らないことには注意が必要です。1 人あたりGDP が増えれば輸出が増えるという，逆の因果関係を表しているかもしれないからです。このような相関関係と因果関係を区別するための方法については，第 11 章で詳しく述べます。

7.3　グローバル化はなぜ拡大したのか

● グローバル化のコスト

　経済のグローバル化には利点があるとはいえ，費用（コスト）も
かかります。企業が国際貿易や投資をするには，海外の市場の情報，
例えばその国の法律や制度，消費者や労働者の特徴などを調べる必
要があります。場合によっては，輸出するには海外の市場に合わせ
て自社の製品を少し改変させる必要があるでしょう。例えば食品で
あれば外国の嗜好に合わせて味を変えなければなりませんし，自動
車であれば外国の道路状況に合わせて車体の強度を強化する必要が
あるかもしれません。これらの費用は，貿易や投資を行う初期段階
に，生産量にかかわらず固定額がかかるという意味で，初期費用も
しくは固定費用とよばれます。

　それ以外にも，国際貿易には変動費用がかかります。変動費用と
は，生産量に応じてかかる費用のことで，固定費用とは区別されま
す。貿易にともなう変動費用としては，輸出品に対して輸入国政府
が徴収する関税，国際輸送にともなう税関手続きの費用や輸送費な
どがあります。

　このように国際貿易や直接投資には多くの費用がかかるために，
企業はそう簡単に輸出や直接投資を行うことはできません。ですか
ら，生産性の高い企業だけが国際貿易や投資を行う傾向があること
が知られています。

　しかし，近年になってこれらの費用が下がってきています。その
1つの理由は，ICT（情報通信技術）の発展で，国際貿易や投資に
ともなう情報収集のコストが大幅に下がったことです。海外の情報
を得るには実際に現地に行く必要のあった昔とは違い，インターネ
ットを利用することで多くの情報を得ることができるようになって
います。

　しかも，道路，鉄道，航路，空路など国際的な交通網の発達で，
ヒトの移動コストもモノの輸送コストも下がりました。ヒトの移動
コストが下がったことは，やはり情報収集コストの低下につながり
ますし，モノの輸送コストが下がったことは，直接的に変動費用を
軽減することになります。

● 自由貿易推進の動き

　さらに，輸入品にかけられる関税も世界的に下がってきています。第2次世界大戦後直後の1947年に関税及び貿易に関する一般協定（GATT）が制定され，世界各国の関税を引き下げ，輸入の数量規制を軽減して，自由貿易を推進するための国際的な枠組みが構築されました。これは，戦前に各国が関税を上げて貿易を規制して経済のブロック化が起こったことが，大戦の一因となったという反省があったためです。

　その後，GATTは世界貿易機関（WTO）に引き継がれました。貿易障壁を下げるのに積極的な先進国と自国の産業を保護するために消極的な途上国との対立があり，WTOによる自由貿易の推進は必ずしも一本調子では進みませんでしたし，最近は特に停滞していますが，WTOが貿易障壁の低減に大きく寄与したことは間違いありません。図7-5は，戦前から現在までのアメリカの平均関税率の推移を示していますが，以上述べたような傾向をはっきりと表しています。

　近年は，世界全体を対象にしたWTOだけではなく，いくつかの国の間で自由貿易協定（Free Trade Agreementを略してFTA）もしくは経済連携協定（Economic Partnership Agreementを略してEPA）とよばれる国際協定が活発に結ばれるようになっています。FTAとは，締結国の間では関税をなくす制度です。ただし，現行のFTAでは全てのモノに対する関税を撤廃して完全な自由貿易を

図7-5　アメリカの平均実行関税率の長期推移

出所：ジェトロ（2019），『保護主義概観，強まる不確実性』より作成

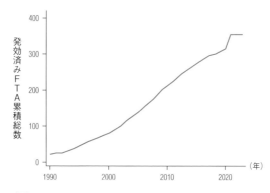

図 7-6 発効済み自由貿易協定・経済連携協定の累積総数

出所：WTO，Regional Trade Agreements Database

するわけではなく，数％の種類のモノには例外を設けて関税を維持するのが普通です。

　EPA は FTA の拡大版というべきもので，モノにかかる関税の撤廃だけではなく，サービス貿易（**第 7.1 節**）に関わる規制を緩和したり，国際投資に係る規制を緩和したりする枠組も含みます。例えば，国によっては，他国の企業は経営や法律に関するコンサルティング・サービスを提供できないようになっています。また，金融業や小売業において，外国からの投資を規制している国もあります。EPA では，これらの規制を緩和することも多くなっています。EPAによる規制緩和については，本章後半の**第 7.5.2 節**で詳しく説明します。

　図 7-6 は，発効済みの FTA・EPA の累積総数を示していますが，1980 年にはわずかに 12 だった累積総数が，2022 年には 356 となっています。そのうち，日本が締結国となっているものは 20 に上ります（2022 年 11 月時点）。このような WTO や FTA，EPA の活動の結果，平均関税率の低下が続いています。中国などの新興国でも 1990 年代にくらべると現在は大幅に関税が下がっています（**図7-7**）。国際貿易・投資の障壁の軽減が，経済のグローバル化に貢献したのは間違いありません。

7.3
グローバル化はなぜ拡大したのか

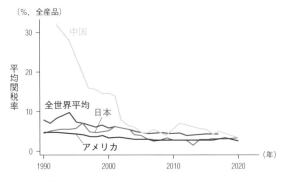

図 7-7　平均関税率の推移

出所：世界銀行，World Development Indicators
注：全ての産品の関税率について貿易量で加重平均したもの。2019 年の数字
が明らかにおかしいため削除している。

7.4　グローバル化はなぜ停滞しているのか

前節では，2007 年の世界金融危機までは経済のグローバル化が
急速に拡大した理由について説明しました。しかし，世界金融危機
以降，経済のグローバル化は継続して鈍化もしくは縮小しています
（**図 7-3**）。これは，人々がグローバル化の不利益を強く感じるよう
になり，それに対応して各国政府が国際貿易・投資を規制するよう
な保護主義的な政策を行うようになったからです。

● 格差の拡大

このような反グローバル化の理由はいくつか考えられますが，1
つの理由は，**第 3 章の第 3.2 節**（43 ページ）で見たように，多くの国
でグローバル化とともに所得格差（少なくとも税の支払いや所得移
転前の所得の格差）が拡大していることです。先ほど**第 7.2 節**で説
明したように，国際貿易や投資によって，国全体は恩恵をこうむる
可能性が高いのですが，国民 1 人 1 人で見ると，必ずしも全員が
恩恵を受けるとは言えません。例えば，中国からの輸入品によって，
国内で同じような製品を製造している中間層の工場労働者は賃金が
上がらなかったり職を失ったりして，不利益をこうむる可能性があ
ります。

2018 年に行われたアメリカのピュー研究所の調査によると[1]，アメリカ人のうち貿易によって雇用が増えると考えている人は 36%であったのに対して，ほぼ同数の 34%はむしろ雇用が減ると考えています。日本ではグローバル化の不利益がより強く認識されていて，貿易によって雇用は増えると考えている人はわずか 21%で，減ると考えている人が 32%もいます。

この結果，アメリカではグローバル化の不利益を強く感じた中間層が支持することで，2017 年にトランプ政権が誕生しました。トランプ政権は自由貿易に反対し，アメリカや日本，オーストラリアなど 12 か国で合意していた広域 EPA の TPP（環太平洋パートナーシップ）から離脱しました。また 2018 年には，中国からの輸入品を数量的な制限や高い関税によって強く規制しました。中国もそれに対抗してアメリカからの輸入に対して高い関税をかけ，互いに関税を上げていく関税競争の状態となりました。

● 海外のショックの流入

反グローバル化が進む第 2 の理由は，グローバル化が進むとともに，外国で起きたマイナスの作用がしばしば国内に流入するようになったことです。

例えば，世界金融危機では，アメリカ発の危機が世界各国に拡散しました。リーマン・ショックによって，アメリカ企業の発行する株式や債券の価値が減りましたが，それによって影響を受けたのはアメリカ人だけではありません。国際投資が進んで，世界各国の企業や個人がアメリカの株式や債券を所有していたために，日本を含む各国で所得が減少しました。さらに，その所得の減少によって，各国は外国から物を買うのを控えるようになり，国際貿易が急速に縮小し，輸出企業は利益をさらに減らしました。

また，2020 年初頭に中国で発生した新型コロナウイルスは，瞬く間に世界的な感染拡大（パンデミック）を引き起こしました。その 1 つの理由は，グローバル化が進んで，全世界が空路や鉄道などの交通網でつながっていることでした。

1　Pew Research Center（2018），Americans, Like Many in Other Advanced Economies, Not Convinced of Trade's Benefits.
https://www.pewresearch.org/global/2018/09/26/spotlight-on-views-of-trade-in-the-u-s-eu-and-japan/

　さらに，新型コロナウイルスの感染拡大を抑制するために，世界各国でロックダウン（都市封鎖）が行われました。厳しいロックダウンでは，医療や公共サービスなど必要不可欠なものの生産以外の経済活動が禁止されることもあり，その影響も世界に拡散しました。

　例えば，パンデミック初期では中国の多くの都市で厳しいロックダウンが行われましたが，その結果中国からの部品の輸入が滞り，日本国内で自動車メーカーの操業を止めざるをえない事態が発生しました。また，消費が縮小することで，ロックダウンを行う国に輸出をしていた国の生産は縮小せざるをえなくなりました。このように，グローバル・サプライチェーンが途絶することで，ロックダウンしていない地域にも経済的な影響が及ぶこととなったのです。

● 安全保障上のリスク

　最後に，グローバル化によって自国の安全保障が脅かされるリスクが顕在化したことも，反グローバル化を進めました。

　中国のファーウェイやZTEといったハイテク企業は，2010年代にグローバルに大きく成長し，スマートフォンやインターネット基地局用の設備を全世界で販売するようになりました。しかし，2010年代後半からアメリカ政府などは，これら中国企業のハイテク機器から情報が漏洩している可能性を指摘しています。

　また，中国は海外からの直接投資を積極的に誘致してきましたし，逆に近年では世界各国に対して多額の直接投資を行っています。これらの対内・対外投資は中国とアメリカをはじめとする先進国との国際共同研究をともなうこともよくありました。アメリカは，これらの直接投資や共同研究を通じて，アメリカ企業から中国企業へ先端技術が漏出し，それが自国の安全保障を脅かしていると考えるようにもなりました。

　さらに，新型コロナウイルスのパンデミックの中で，マスクや薬，人口呼吸器などの医療品が世界的に不足して，その生産国が輸出を規制して，自国の消費に回すということが頻発しました。このことによって，世界各国は必需品を輸入に依存しすぎることは，自国の安全保障に対するリスクとなると認識することとなりました。

　このようにグローバル化による他国への依存が自国の経済や安全保障を損なうリスクについての認識が広まった結果，世界各国は国際貿易・投資を制限して，国内に産業を育成するような保護主義的

な政策を行うようになりました。

　アメリカは，2019 年から中国のファーウェイ社などハイテク企業に対する米製品の輸出や米国技術の移転を制限しました。また，アメリカに対する直接投資の審査を厳しくして，中国からの投資を抑制するようになりました。日本やヨーロッパ諸国もアメリカに追随して，輸出管理を強化し，対内直接投資の審査を厳格化しています。

　さらに 2022 年頃から，アメリカやヨーロッパ，日本では，自動車や電子機器に不可欠な半導体の供給を止めないことが安全保障上重要であると考え，多額の補助金を使って，アメリカ，韓国，台湾の大手半導体企業を国内に誘致しています。中国は，もともと多額の補助金によってハイテク産業を支援していました。

　このように，産業を特定して輸入規制や補助金などで国内に産業を育成しようとする政策を産業政策とよびます。基本的には自由な市場経済をよしとする先進国では，近年はあまり大っぴらに産業政策が行われていませんでした。しかし，以上のような反グローバル化の流れを受けて，日米欧でも産業政策の有効性が見直されることとなりました。この後の**第 7.5.2 節**では，産業政策の有効性について理論的に考察します。

7.5　国際経済学のツール

7.5.1　リカードの比較優位の理論

　第 7.2 節では，自由貿易の利点を説明する代表的なものとして，リカードの比較優位の理論を紹介しました。比較優位の理論の要点は，貿易をしない状態よりも自由貿易を行ったほうが人々は幸せになれる，つまり高い効用が得られるということです。このことを，これまで用いてきた経済学のツールを使って理論的に考えてみましょう。

● 閉鎖経済における均衡
　ここでは，非常に単純な理論モデルを想定します。まず，いま世界中で財がコメと衣服が 1 種類ずつ計 2 種類しかないとします。

各国の生産者はその2種類のそれぞれをどのくらい生産し，消費者はそれぞれをどのくらい消費するかを決めます。特に，人口が100人のある小さな国に焦点をあてて，まず他の国と一切貿易をしていない閉鎖経済の均衡を考えましょう。

　最初に，生産者の行動について見てみます。この国では全ての人が賃金にかかわらず，コメか衣服の生産に従事するとします。また，労働者1人がコメの生産に従事すると1年で500kg生産でき，衣服の生産に従事すると50着生産できるとします。

　これは，これまで説明してきた理論よりもかなり簡単な設定になっています。第3章の第3.3.2節（51ページ）で見たように，本来は労働供給量は賃金に左右されるはずですが，ここでは賃金にかかわらず全員が同じように働くことが仮定されています。また，第1章の第1.4.1節（18ページ）では生産は労働力と資本財を投入して行われると考えましたが，ここでは資本財は無視して労働力だけを生産要素として考えます。さらに，1人あたりの生産量は規模によらず一定，つまり労働の限界生産物は一定と仮定しています。

　これらの仮定の下では，この国の人々の生産・消費パターンは図7-8のように表すことができます。ちなみに図7-8の線分ABを，労働力を最大限に使えば線分上の生産が可能であるという意味で生産可能性フロンティアとよびます。

　この国は他国との貿易を一切行っていないので，コメと衣服を生産した分だけその国民自身が消費することになります。すると，第4章の第4.2節（68ページ）で説明したように，消費者は，自分の消費に関する嗜好（消費性向）を考えて，生産可能性フロンティア上で自分の効用を最大化する（最も幸せになる）消費パターンを選択するはずです。

　例えば，コメが好きで好きでたまらなく，衣服は一切不要だという人は，コメだけを消費する点Aを選ぶでしょう。しかし，通常は限界効用が逓減していきますので，コメも衣服も消費することを選択するはずです。これを多様性選好とよびます。もし衣服が好きで，コメは生きるのに最低限あればいいという人は比較的衣服の消費量の多い点Dを選ぶでしょうし，もう少しコメと衣服をバランスよく消費したいと思う人は点Cを選ぶでしょう。

　厳密には，どの点が選ばれるかは，消費者の選好を表す無差別曲線というもので決まってきます。しかし，本書では無差別曲線につ

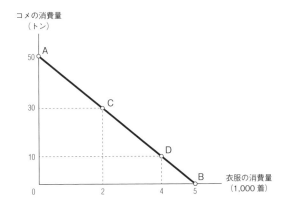

図 7-8　閉鎖経済における生産・消費パターンの決定

点	パターン	生産量 / 消費量	
		コメ	衣服
A	コメの生産に特化	50 トン （100 人 ×500kg）	0
B	衣服の生産に特化	0	5000 着 （100 人 ×50 着）
C	コメの生産 60 人 衣服の生産 40 人	30 トン （60 人 ×500kg）	2000 着 （40 人 ×50 着）
D	コメの生産 20 人 衣服の生産 80 人	10 トン （20 人 ×500kg）	4000 着 （80 人 ×50 着）

いてはこれ以上詳しく説明しません。

　例えば，1 人 1 人の国民が同じ嗜好を持っていて，点 C で表される消費パターンが国民の効用を最大化するとしましょう。そうすれば，コメ 30 トン，衣服 2,000 着の生産が行われ，生産と同じ量が消費されることになるはずです。これが，閉鎖経済における均衡です。

　なお，このときこの国の中では市場の競争原理が働いているのであれば，賃金とコメおよび衣服の生産における労働の限界生産物は等しくなるはずです（第 3 章第 3.3.2 節）。もし，労働者の 1 年あたりの賃金が 20 万円だとすると（非常に簡単な経済を考えているので，常識的には考えられないくらい低い賃金となっています），その労働者が作ることのできるコメ 500kg も衣服 50 着もどちらもその価値は賃金と等しい 20 万円となります。つまり，コメは 1kgあたり 400 円，衣服 1 着あたり 4,000 円となるのです。

● 開放経済における均衡

　次に，この国が自由貿易を開始して，閉鎖経済から開放経済に転換したとしましょう。さらに，世界の市場では，コメが1kgあたり200円，衣服が1着1,000円で売られていたとします。また，この国は非常に小さな国で，この国が経済を開放してコメや衣服を世界市場で売ったとしても，そのシェアは非常に小さく，世界市場の価格形成に一切影響を与えないとします。これを，国際経済学では小国の仮定といいます。

　このとき，もし国民全員がコメの生産に特化して50トン生産し，それを世界市場で売れば，この国全体の総所得は200円×50,000kg＝1,000万円となります。逆に，衣服の生産に特化すれば総所得は1,000円×5,000着＝500万円となります。つまり，コメの生産に特化したほうが所得が多いわけです。

　しかも，コメの生産に特化した上で，その一部を世界市場で売って，そのお金で衣服を買えばどうなるでしょうか。例えば，コメを全部売ってその分で衣服を買えば，1,000万円÷1,000＝1万着買えることになります。そう考えていけば，コメの一部を売って衣服を買うことで，図7-9の線分AD上のどの点で表される消費パターンも可能だということになります。このような線分ADを，この場合に与えられた予算で買える消費パターンを表しているという意味で，予算制約線とよびます。

　この予算制約線上のどの点が実際にこの国全体の消費パターンになるかは，図7-8の閉鎖経済と同様に，国民の消費選好に依存します。例えば，点E，つまりコメを35トン（1人あたり350kg），衣服を3,000着（1人あたり30着）が選ばれたとしましょう。すると，貿易がある開放経済での均衡である点Eのほうが，閉鎖経済での均衡である点Cよりもコメも衣服の消費量も多くなっており，消費者の効用が高くなっているはずです。つまり，貿易によって人々の効用，すなわち幸福度が高まるわけです。これこそが，貿易の利益なのです。

　しかも重要なのは，この例ではこの国では世界市場にくらべてコメも衣服もどちらも価格が高く，世界市場での競争力がないことです。これを絶対優位がないと表現します。しかし，この国が閉鎖経済だったときのコメと衣服の価格（1kg400円と1着4,000円）と世界市場での価格（200円と1,000円）をくらべると，その乖離の

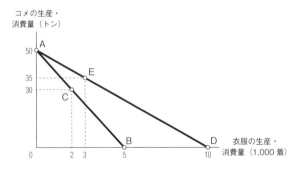

図7-9 貿易を開始したことによる生産・消費パターンの変化

程度はコメのほうが小さくなっています。つまり，この国では比較的コメの生産のほうが効率がよい，つまりコメに比較優位があるといえます。このとき，比較優位のある財の生産に特化して，それを輸出して他の財を輸入することで，この国の人々の効用は最大化されるわけです。これがリカードの比較優位の理論の要点です。

　どんなに貧しくて農業でも工業でも生産性が低い国であっても，絶対優位はないとしても，何らかの財の生産に比較優位があるはずです。ですから，どんな国においても貿易によって人々の効用は向上するというのが，この理論の重要な結論です。

7.5.2　幼稚産業保護論

　前節では，国際貿易によって全ての人々の効用が向上するというリカードの比較優位の理論を紹介しました。ただし，現実には必ずしもこの理論通りにはいかないかもしれません。なぜなら，前節の理論では，労働の限界生産物は一定であると仮定されていました。しかも，生産要素は労働のみですので，規模に関して収穫一定，つまり投入量を2倍にすると生産量も2倍になることが仮定されていたとも言えます。

　確かに，**第1章の第1.4.1節**（18ページ）でも説明したように，現実の生産関数は規模に関して収穫一定であることが多いと考えられます。しかし，ハイテク産業のように研究開発などの初期投資が大きく，ネットワーク外部性がある場合には，規模に関して収穫逓増，すなわち規模の経済が発生することも，説明しました。規模の経済とは，簡単に言えば労働や資本などの投入を2倍にすると，生産

量が2倍より大きくなるような生産のあり方です。

　規模の経済がおきるもう1つのパターンは，経験による学習効果（ラーニング・バイ・ドゥーイング）がある場合です。生産活動を行うと，その経験によって技能が向上して，労働者1人あたりの生産量（労働生産性）が増加することがあります。このような技能が労働者の間で共有されれば，労働者が多ければ多いほど労働生産性が上がり，規模の経済が起きることになります。

● 規模の経済の下での理論的考察

　さて，リカードの比較優位の理論で，産業によっては規模に関して収穫一定のものもあれば，規模に関して収穫逓増のものもあると仮定すると，その理論的な結論は変わってきます。

　例えば，A国がいま規模に関して収穫一定の伝統的な産業に比較優位を持っているとしましょう。それに対してB国は規模に関して収穫逓増のハイテク産業に比較優位を持っています。このとき，両国が自由に貿易をはじめると，A国は伝統産業に，B国はハイテク産業に特化して，互いに自国の製品を輸出して他国の製品を輸入することになります。これによって，前節での理論通り，貿易をした場合の両国の人々の効用は，貿易をしない場合よりも向上します。このように両国に貿易による利益があるのは，これまで通りです。

　しかしこのとき，B国ではハイテク産業の生産に特化して輸出することでハイテク産業の規模が大きくなり，それによって投入あたりの生産量，すなわち生産性が向上してきます。例えば，経験による学習効果があるとすると，ハイテク製品の生産をすればするほど生産性が向上します。それとともに労働の限界生産物も上昇しますので，B国では賃金が上昇します。

　半面，A国では規模に関して収穫一定の伝統産業に特化していますから，規模にかかわらず生産性も賃金も一定です。その結果，貿易をすればするほど，A国とB国の賃金格差は拡大していきます。しかも，A国はいつまでたっても伝統産業に特化したままで，賃金の高いハイテク産業に転換することができません。

● 幼稚産業保護政策の有効性

　このとき，もしA国がハイテク製品の輸入を禁止して，国内でハイテク製品の生産をすれば，経験による学習効果などによる規模

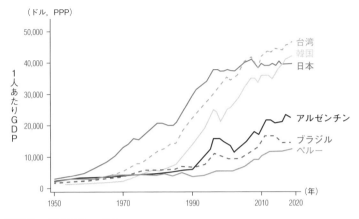

図7-10　ラテンアメリカと東アジアの経済成長

出所：Penn World Tables，10.1

の経済が働いて，ハイテク産業の労働生産性が向上する可能性があ
ります。長期的には，国内の伝統産業よりもハイテク産業のほうが
比較優位を持つようになるかもしれません。そうなれば，ハイテク
製品の輸入規制をやめても，この国はむしろハイテク製品の生産に
特化して，高い所得を達成できるということになります。

　このようにある製品の輸入を禁止することで，国内にその産業を
育成しようとする政策を，輸入代替工業化政策，もしくは幼稚産業
保護政策といいます。

　1950 ～ 70 年代のラテンアメリカ諸国では，このような幼稚産
業保護政策が大々的に実施されました。高い関税をかけて工業製品
の輸入を制限して，自国の工業を育成しようとしたのです。しかし，
残念ながらその試みはほとんど失敗し，図 7-10 に示されるように，
ラテンアメリカ諸国における経済成長は長期間にわたって停滞しま
した。

　それにくらべて，日本，シンガポール，韓国，台湾，香港といっ
た東アジア諸国では，ある程度の輸入規制はしたものの，同時に輸
出を奨励することで世界市場での競争力を伸ばし，産業を育成しよ
うとしました。その結果，1950 年頃には東アジア諸国とラテンア
メリカ諸国はほぼ同様の所得レベルだったものが，その後ラテンア
メリカの 1 人あたり GDP は停滞し，東アジア諸国では高い成長を
達成し，1990 年ごろには大きな差が開いています（図 7-10）。

● 幼稚産業保護が必ずしも成功しない理由

ラテンアメリカの経験は，幼稚産業保護政策が必ずしも成功しないことを示唆しています。その1つの理由は，実際には各国で規模の経済がある産業を特定するのは簡単ではないことです。ある国である産業において規模の経済があったとしても，別の国では同じ産業でも規模の経済が働かないかもしれません。もし，政府が規模の経済のある産業の選定を見誤って，規模の経済のない産業を保護しても，その国の経済は成長できないでしょう。これは政府の失敗の一例です。

もう1つの理由は，保護主義的な政策によって生産活動が非効率になってしまうことです。東アジアでも，特定の産業に対して輸入制限などによる保護がある程度ありました。しかし，産業の中での複数の企業による競争や，輸出による世界市場での競争のために，生産の効率性は維持されていました。ところが，ラテンアメリカではそのような競争に乏しかったのです。国内の企業が政策によって保護されることに慣れてしまい，競争力を磨くことを怠った結果，非効率的な生産から抜け出すことができませんでした。

第7.4節で見たように，現代は日米欧中各国で，半導体をはじめとするハイテク産業において，産業を特定して保護主義的な政策で育成しようとする産業政策が行われています。今のところ，これらの政策は補助金によって企業を国内に誘致するのが中心で，必ずしも製品の輸入を規制する典型的な幼稚産業保護政策ではありません。しかし，このような産業政策においても，適切に成長産業を選ぶことは簡単ではありませんし，企業間の競争を維持しなければ，ラテンアメリカの二の舞となるかもしれないということに注意が必要です。

7.5.3 国際貿易・投資に関するルール

国際貿易に関するルールは，従来WTOによって主導されて構築されてきました。WTOの加盟国は164か国に上っているため，WTOで定められたルールが世界標準となっています。

● WTOの4つの基本原則

WTOは，関税などの貿易障壁の軽減や貿易における差別待遇の

廃止を手段として，生活水準の向上や貿易の拡大を目的としており，4つの基本原則があります[2]。第1は，最恵国待遇原則で，ある国がある産品の特定国からの輸入に対して特に低い関税を課した場合，その国はその産品の全ての加盟国からの輸入にその低い関税を適応しなければならないというものです。つまり，加盟国からの輸入に対する関税は全て同じにするというルールです。

第2は，内国民待遇原則で，輸入品に対して適用される国内での税金や法律を，国産品に対するものよりも厳しくしてはいけないというものです。つまり，国内市場において輸入品と国産品とで差別があってはいけないというルールです。

第3は，数量制限廃止の原則で，関税による輸入規制は認められるものの，輸入量の上限を決めるような数量制限は廃止すべきだとされています。これは，関税よりも数量制限のほうがより強く自由貿易をゆがめてしまうからです。

第4は，国内産業保護としての関税に関する原則で，国内産業を保護するための関税は認められず，貿易を規制するためだけに関税は利用されるべきだというものです。さらに，長期的には関税は引き下げていくことが求められています。

ただし，これらの原則には例外が規定されており，国内の規制に反する場合，他国の貿易規制に対抗する場合，経済の発展度合いが低い場合，安全保障上必要な場合などは原則から逸脱することが許されています。

なお，ある国がこれらのルールに違反していると考えられる場合には，他国が WTO に申し立てることができます。この場合には，WTO の紛争解決機関がその是非を判断することになります。WTO による判断は，国内の裁判の判決とは違って，必ずしも各国政府が従う必要はないのですが，多くの場合では，このような制度によって，WTO のルールは加盟国によって一定程度守られてきました。

しかし，WTO のルールづくりは 2000 年代初めから先進国と新興国・開発途上国の利害の対立のために行き詰まりました。先進国がより自由な貿易を目指したのに対して，新興国・途上国は経済発展のための政策の余地を残しておきたかったからです。そのため，知的財産権，国際投資，政府調達といった新しい分野での国際ルール

---

2 経済産業省（2022），『2022年版 不公正貿易報告書』。

づくりは進みませんでした[3]。

● 2国・多国間 FTA の発展

　ですので，2000 年代以降，各国はこのような WTO に失望して，2 か国もしくは数か国（多い場合には十数か国）で FTA を締結するようになり，FTA が増加していきました（**図7-6**）。

　近年の FTA では，WTO にはなかった，もしくは十分にはなかったルールを独自に構築することが増えています。例えば，日本が主導してオーストラリア，マレーシア，ベトナム，シンガポールなど 11 か国間で 2018 年に締結された **CPTPP**（環太平洋パートナーシップに関する包括的及び先進的な協定）は，モノの貿易以外の様々な分野での規制撤廃が盛り込まれています。

　CPTPP 内では，A 国の企業が B 国に直接投資をするときに，B 国政府が A 国企業に投資を許可する見返りに，地場企業からの部品購入（ローカルコンテンツといいます）や技術移転を要求することが禁止されています。つまり，CPTPP 発効後には，例えば日本の自動車メーカーがベトナムに工場を建てたときに，ベトナム政府は日本企業に対して，強制的にベトナムのサプライヤーから部品を買ったり，ベトナム人技術者や企業に技術を教えたりすることを課せなくなります。ローカルコンテンツや技術移転の要求は，WTO でも原則的には禁止されていますが，必ずしも十分に守られないこともあり，EPA でこのような規制を撤廃することで，直接投資が促進されるのです。

　また，マレーシアやベトナムでは，金融業やコンビニやスーパーなどの小売流通業における外国企業の出店が規制されていましたが，CPTPP 発効後はそれも緩和され，日本の銀行やコンビニが進出しやすくなっています。これらの規制緩和を通じて，サービス貿易が促進されるのです。

　さらに，近年ルール化が進んでいるのが，デジタル貿易の分野です。デジタル貿易とは，電子商取引（オンラインショッピング），企業や個人の情報（データ）の取引，音楽・動画の配信サービスなど，電子的手段による国境を越えた取引（越境取引）のことです。デジタル貿易で問題となるのは，例えば，電子データの越境取引

3　中川淳司（2021），「WTO のルールメイキング機能の再検討」，国際貿易投資研究所『WTO 改革の進展と収斂』。

（ある国で収集された個人データの他国への移転・売却）に対する制限や，ある国に立地する企業に対するデータの国内での保存の義務付け（外資企業であっても本国だけではなく立地する国にもデータを保存する）といった規制です[4]。

　CPTPP では，例外はあるものの，基本的には電子データの自由な越境（フリーフロー），データの国内保存の要求の禁止を定めています。同様のルールは，2020 年に発効した日米デジタル貿易協定でも定められていますが，2019 年発行の日 EU EPA では定められておらず，デジタル貿易に関する国際ルールづくりはまだ道半ばだといえます。

《本章のまとめ》

- ●経済のグローバル化（国際貿易・投資の拡大）は，1990 年代から 2007 年のリーマン・ショックまでは急速に拡大し，その後現在まで停滞している。
- ●グローバル化拡大の理由は，グローバル化によって全体としては経済的な利益がもたらされることや，そのコストが ICT の発展や WTO や FTA の発展によって下がったことである。
- ●グローバル化停滞の原因は，国内の所得格差を引き起こしたこと，コロナ禍や安全保障問題によって国内への負の影響が認識されたことである。

《本章で学んだ経済学のツール》

比較優位の理論：自由貿易の下で比較優位を持つ財の生産に特化することで，どの国も貿易のない状態よりも高い効用を得ることができる。

幼稚産業保護論：ある財の生産に規模の経済があるような場合，その財の輸入を規制することでその産業を育成し，自由貿易下よりも高い効用を得られる可能性がある。

国際貿易・投資のルール：WTO や FTA では，貿易障壁を軽減するために様々な国際ルールが規定されている。

4　上谷田卓（2020），「デジタル貿易・デジタル課税をめぐる国際社会の取組－デジタル経済の進展に対応した国際ルール作りの行方－」，『立法と調査』，No.428.

より深い理解のための参考文献 ————————————————

【教科書（初級）】

● 伊藤恵子，伊藤匡，小森谷徳純（2022），『国際経済学 15 講』，新世社

　最新のトピックもカバーした入門的教科書。

【教科書（中級）】

● 清田耕造，神事直人（2017），『実証から学ぶ国際経済』，有斐閣

　実証分析の結果を踏まえた中級の教科書。

【一般書】

● リチャード・ボールドウィン（2018），『世界経済　大いなる収斂 −IT がもたらす新次元のグローバリゼーション −』，日本経済新聞出版社

　トップレベルの国際経済学によるグローバル化の進展の歴史とその影響に関する一般書。続編の『GLOBOTICS（グロボティクス）グローバル化＋ロボット化がもたらす大激変』と合わせてどうぞ。

● 戸堂康之（2020），『なぜ「よそ者」とつながることが最強なのか −生存戦略としてのネットワーク経済学入門 −』プレジデント社

　グローバル・サプライチェーンの拡大とその影響について，経済学の知見を基にしながらも，安全保障問題や人間の心理をからめながら論じている一般書。

8 なぜ開発途上国の人々は貧しいのか？

－ 開発経済学 －

世界には，開発途上国とよばれる多くの貧しい国が存在しています。これらの中には，長期間にわたって経済が成長せず，人々が厳しい暮らしを余儀なくされている国々もあります。半面，以前は貧しかったにもかかわらず，今は先進国の仲間入りをしている国もあります。このような差はなぜ生まれるのでしょうか。本章の前半では，途上国の実態を紹介した後，貧困の原因について概観します。後半では，経済成長論や開発経済学を利用して貧困の原因を理論的に考察していきます。

8.1 貧困国での生活

世界銀行は，1人あたり所得（GNI）が 1,085 ドル以下の国を低所得国，4,255 ドル以下の国を下位中所得国，13,205 ドル以下の国を上位中所得国，それ以上を高所得国と定義しています。

開発途上国（途上国）の明確な定義はありませんが，一般的には世界銀行の定義する低所得国や下位中所得国，つまり 1 人あたり年間所得が約 4,000 ドル（約 60 万円）以下の国々がそれにあたると考えてよいでしょう。

ただし，これはあくまでも 1 人あたりの名目所得であり，各国の購買力の差やインフレを考慮して，2017 年のアメリカの物価レベルで評価した購買力平価調整済みの 1 人あたり実質 GDP で考えると，ざっくり言って約 1 万ドル以下の国が途上国だと考えられます。これは，一般に途上国のほうがアメリカよりも物価が安いので，途上国で名目所得が 4,000 ドルの人は，アメリカで 1 万ドルの所得がある人と同じくらいのものが買えるからです（購買力平価調整済みの GDP については**第 2 章**の**第 2.1 節** (29 ページ) を参照し

図 8-1　世界各国の所得レベル

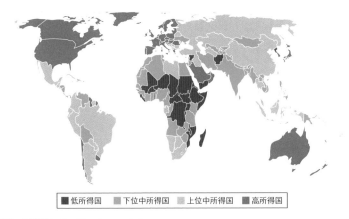

■低所得国　■下位中所得国　■上位中所得国　■高所得国

出所：世界銀行，World Development Indicators

てください）。

　2021 年時点では，世界銀行の定義した低所得国の国はサハラ以
南アフリカを中心に 23 か国，下位中所得国はサハラ以南アフリカ
以外にも南アジア，東南アジアなどの 53 か国存在しています（**図
8-1**）。なお，日本の 1 人あたり所得は 42,650 ドルです。低所得国
の総人口は約 7.2 億人，下位中所得国は約 34 億人となり，世界の
総人口の 52%が途上国の人々なのです。

　とは言え，2000 年には低所得国と下位中所得国はあわせて 120
か国あり，その人口は世界の総人口の 79%でした。ですから，こ
の 20 年間でかなりの程度世界の貧困は改善してきたわけです。

● 途上国の所得レベルは改善している

　図 8-2（A）は，いくつかの途上国について，2000 年から 2022
年の 1 人あたり GDP（購買力平価調整済み実質値）の推移を示し
ています。これを見ると，サハラ以南アフリカのチャドやエチオピ
アは，2021 年でも 1 人あたり GDP はそれぞれ 1,413 ドル，2,381
ドルで，世界的にも最貧国の 1 つです。しかし，それでも 2000 年
の 908 ドル，719 ドルとくらべれば，ずいぶんと成長しています。
特に，エチオピアは 21 年間で 1 人あたり GDP が 3 倍以上となり，
非常に高い経済成長を遂げています。

　アジアでは，南アジアのインド，バングラデシュ，東南アジアの

図 8-2　開発途上国・中所得国の実態

（A）一人あたり GDP（千ドル，PPP）

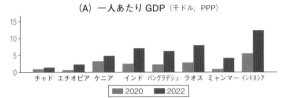

（B）1 日 2.15 ドル以下で生活する人の割合（%）

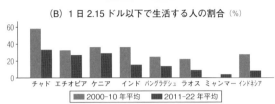

（C）平均余命（年）

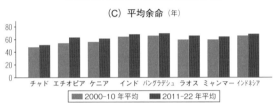

（D）乳幼児死亡率（千人あたり）

（E）安全な水が手に入る人の割合（%）

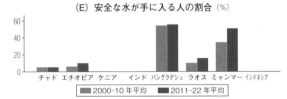

（F）中等教育就学率（%）

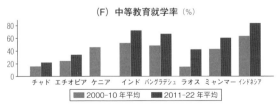

出所：世界銀行，World Development Indicators
注：いくつかの国や年代についてはデータがなく，表示されていない。

ラオスの購買力平価調整済み1人あたりGDPが約6〜7千ドルで低所得国に分類されますが，それでもやはり2000年にくらべると成長していることがわかります。インドネシアは2000年には5,621ドルでしたが，2022年には1万2,408ドルとなり，途上国を卒業して中所得国の仲間入りを果たしました。

ただし，このように多くの途上国が経済成長を遂げているとはいえ，まだまだ貧しい人は多く残っています。

世界銀行は，1日2.15ドル以下で生活している人々を極度の貧困に置かれていると定義しています。なお，ここでの2.15ドルも購買力平価調整済みの数字で，アメリカの物価水準の下でその価値を判断されるものです。ですので，1日2.15ドル以下では，人間生活にとって最低限必要とされる衣食住，水，健康，教育などの基本的なニーズは満たされないと考えられます。

図8-2（B）は，（A）と同じ国について極度の貧困に置かれている人の割合を示したものです。2022年には，チャド，エチオピア，ケニアでは国民の約3割が1日2.15ドル以下の生活を送っています。（A）ではこれらの国でも1人あたりGDPは急増したことが示されていますが，貧困層の割合は2000年にくらべれば改善しているとはいえ，まだまだ高いのです。半面，南アジアや東南アジアでは，貧困者の割合はこの20年で大きく改善され，2022年では概ね15％以下となっています。ですから，現代では世界の極度の貧困者の多くはサハラ以南アフリカに集中してきています。

● **貧しい人々の生活**

貧しい人々の暮らしは厳しいものがあります。図8-2（C）を見ると，平均余命はチャドでは52歳，ケニア，エチオピア，ラオス，ミャンマーでは65歳前後と，日本の84歳にくらべれば，約20年以上の違いがあります。5歳未満で死亡する子供の割合（乳幼児死亡率）は，日本では千人あたり2人程度ですが，多くの途上国では40人を超えています（図8-2（D））。生まれてくる子供25人に1人以上が幼くして死んでしまうのです。

途上国で寿命が短い大きな原因は，その生活環境です。日本では98％の人々が安全で清潔な水を手に入れることができますが，チャドではわずかに6％，エチオピアでは10％で，多くの人が細菌や有毒物質のまじった水を飲んで生活しているのが現状です（図

8-2（**E**））。そのために病気になりやすく，病気にかかってもなかなか医療サービスを受けることもできずに寿命を縮めてしまっているのです。

　途上国では教育も満足に受けられません。中等教育就学率（中学・高校への進学率）は，日本ではほぼ100％ですが，チャドでは22％，エチオピアでは35％，ミャンマー，ラオスで約6割，インド，バングラデシュでは約7割です（**図8-2**（**F**））。教育は所得を向上させる重要な手段ですから，貧困層が十分に教育を受けられないことは，貧困からなかなか抜け出せない原因の1つとなってしまいます。

　このように，途上国では近年経済成長が進んで，一部の国は途上国を卒業したとはいえ，まだまだ厳しい生活を送っている貧しい人々は世界にたくさんいるのです。次の節から，どうして途上国は貧しいのか，どうすれば貧困から脱却できるのかを考えていきましょう。

8.2　物的・人的資本不足による貧困

● 物的資本投資の欠如

　第1章では，日本の経済成長の停滞の原因について考えました。途上国の貧困の原因についても同じ枠組みで考えることができます。

　国全体の所得は，労働力，資本財（機械や設備など），技術によって決まると，**第1章の第1.4.1節**（18ページ）で説明しました。さらに，規模に関して収穫一定を仮定すれば，1人あたりの所得は1人あたりの資本財の量と技術レベルによって決まります。つまり，1人あたりの資本財が多く，技術レベルが高ければ，1人あたりの所得が高いということになります。

　1人あたりの資本財を多くするには，生産設備に対する投資を多くすればいいわけですから，投資が多ければ1人あたり所得が多いということになります（**第1章第1.2節**（9ページ））。**図1-5**ではOECD諸国の投資率（投資額の対GDP比）と1人あたりGDPの関係を見ましたが，これを途上国を含む全世界の国に広げてみたのが，**図8-3**です。これを見ると，やはり投資率が高いほど1人あたりGDPが大きいという関係があることがわかります。特に，ギ

図 8-3　投資率と 1 人あたり GDP

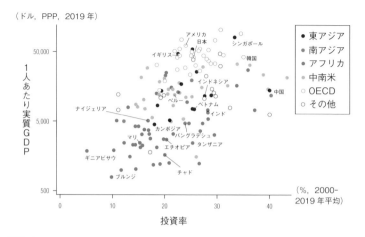

（ドル，PPP，2019 年）

出所：Penn World Tables 10.01
注：1 人あたり GDP は国ごとに大きく違うため，縦軸は対数目盛をとっている。

ニアビサウやブルンジ，マリなどの非常に貧しいサハラ以南アフリ
カの国々は投資率も低いことがはっきりと示されています。つまり，
途上国が貧しい 1 つの原因は，投資が足りないことなのです。

　では，なぜ途上国では投資が行われないのでしょうか。1 つの原
因は，金融市場が未発達であることです。零細な事業者を含めて企
業が設備投資をするときには，多くの場合手元に現金がありません
ので，銀行などの機関から借りたり株式を発行したりして資金を調
達します。

　しかし，途上国では金融機関があまり発達しておらず，農村では
正式な銀行がないことも多くあります。近くに銀行がなければ農民
は預金をすることができず，家に貯めておく，いわゆる「タンス預
金」をすることになります。そうすると，銀行に十分に預金が集ま
らず，企業に貸すための資金が不足します。そのために，企業によ
る投資が十分に行われないのです。

　日本がまだ途上国だった明治初期には，この問題を解決するため
に郵便局が金融機関を兼ねるという政策が行われました（今はゆう
ちょ銀行として郵便局から分離されています）。郵便局は全国津々
浦々に設置されていましたから，郵便貯金によって多くの国民がタ
ンス預金ではなく金融機関に預金ができるようになりました。その
お金が企業に回って投資が行われることで，日本は明治期にも高い

経済成長を遂げることとなりました。

　近年，同じような効果を持つと考えられるのは，モバイル・バンキングです。携帯電話を持って代理店に行けば，簡単にお金を預けたり，借りたり，送金したりする仕組みが途上国でも発展してきているのです。

　例えば，ケニアのサファリ・コムという会社の M-PESA というサービスが有名です。M-PESA は 2007 年に始まり，ケニアでは 7 割以上の人，隣国のウガンダでも 4 割以上の人が利用しています[1]。M-PESA の代理店は，銀行の支店のような立派なものではなく，零細な雑貨屋が代理店を兼ねていることも多いところが，1 つのイノベーションとなっています。そのため，辺鄙な農村でも代理店があることも多く，たくさんの農民が利用できるのです。

● 借り入れ制約

　さらに，途上国では金融市場が未発達であるために，人々が預金できないために投資が進まないという問題以外にも，投資をしたい人がお金を借りられないために投資が進まないという問題もあります。ここで「投資」といっても，大企業が大きな工場を立てるような話だけではありません。農民が農地を耕すための牛を買うとか，副業に木工家具を作って売るために大工道具を買うといった話も含まれます。

　こういった零細な投資も，その人たちの所得や生活を大きく向上させることができます。しかも，うまく行けばきちんと利子をつけて返済してくれるはずで，金融機関からしてもこういった投資にお金を貸すことで利益が上がる可能性があるはず。でも実際には，こういう零細な事業に対して金融機関（もしくはお金持ちの個人）はなかなかお金を貸してくれません。これを借り入れ制約とよびます。

　借り入れ制約が起きるのは，金融機関にはお金を貸した相手（融資先）の人が本当に返済してくれるかわからず，返済されないリスクがあるからです。この点については，この章の後半の第 8.5.1 節で詳細に説明します。

1　Piper, Kelsey（2020），What Kenya can teach its neighbors-and the US-about improving the lives of the "unbanked."
https://www.vox.com/future-perfect/21420357/kenya-mobile-banking-unbanked-cellphone-money

先進国であれば，融資先の情報を集めたり，担保を取ったりすることで，このリスクを軽減することができますが，途上国の零細農家や事業者相手ではそうはいきません。

この問題を緩和したのが，マイクロ・ファイナンス（小規模金融）という手法です。これは，1983 年にバングラデシュでグラミン銀行がはじめて行ったもので，創始者のムハマド・ユヌス博士はその功績を称えられ，ノーベル平和賞を受賞しています。

零細な農民や事業者を融資の対象としたグラミン銀行の手法が画期的だったのは，融資後に銀行員が毎週農村に出向いてミーティングを開き，少額の返済を受けるとともに，事業に対して助言をする（例えば，牛を買うならどこが安くて質がいいだとか，こんな家具を作ったら売れるとか）ところです。また，融資を受けた農民や事業者がグループを作って，グループの一員が返済しなかったら他のメンバーが返済しなければならないという連帯責任を課しました。

これらの手法によって，零細な農民や事業者は事業をがんばって，お金を儲けて返済するインセンティブ（動機）が与えられます。グラミン銀行からすると，返済されないリスクが軽減されるわけですから，零細事業者に対しても融資ができることになります。その結果，投資が増えて，所得が向上し，経済全体が成長するのです。

実際，図 8-2 で示されているように，バングラデシュは 2000 年から 2021 年にかけて 1 人あたり GDP を 2,267 ドルから 5,911 ドルへと倍以上に増やし，極度の貧困者の割合を 25％から 13.5％に激減させています。乳幼児死亡率や就学率も大きく改善されています。むろん，バングラデシュの経済成長の原因が，グラミン銀行をはじめとするマイクロ・ファイナンスの発展だけにあるわけではありません。しかし，その一因となっていることは確かでしょう。

● 人的資本投資の欠如

これまで生産や所得を増やす要因として，機械や設備，つまり物的資本に対する投資について述べてきました。それ以外にも，教育を受けることで，労働者 1 人 1 人が能力を向上させ，生産や所得を増やすことができます。このような労働者の能力を人的資本とよびます。

図 8-4 は，各国の人的資本の指標と 1 人あたりの GDP とが強く相関していることを示しています。この表での人的資本指標は，各

図 8-4　人的資本指標と 1 人あたり GDP の関係

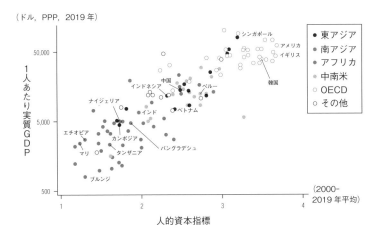

出所：Penn World Tables 10.01
注：1 人あたり GDP は国ごとに大きく違うため，縦軸は対数目盛をとっている。

国の生産年齢人口（20-64 歳の人口）の平均教育年数を基に作られており，平均教育年数が 6 年（小学校卒業）であればこの指標は約 2 となり，12 年（高校卒業）であれば約 3.4 となります。

　この図は，途上国の貧困の原因の 1 つが教育のレベルが低いことにあることを示唆しています。

　実際，教育を受けることで個人の所得は向上することは，多くの国のデータを使って実証されています。例えば，小学校で 1 年教育を受けると，将来の賃金は平均的に約 10％増えることがわかっています[2]。ですから，小学校に通って卒業すれば，生涯所得は約 8 割も増加するはずなのです。

　しかも，途上国でもこのような教育の所得向上効果は確かめられています。それなのに，途上国では人々は教育を受けずに貧困にあえいでいるのはなぜなのでしょうか。

　その 1 つの原因は物的資本投資と同じく借り入れ制約です。教育にはお金がかかります。お金をかけて子供に教育を受けさせれば，将来子供が賃金の高い仕事についてよい暮らしができて，自分にも仕送りをしてくれるかもしれないと，たいていの親はわかっていま

2　Patrinos, Harry Anthony, and George Psacharopoulos（2020），"Returns to Education in Developing Countries." In *The Economics of Education: A Comprehensive Overview* (Second Edition), edited by Steve Bradley and Colin Green, 53-64. Elsevier.

す。でも，親には学校に行かせるお金がなくて，子供に教育を受け
させられないことが多いのです。たとえ小学校の学費が無償であっ
ても，教科書や文房具代が出せないために学校に行かせられないこ
ともあります。

　また途上国では，子供が水汲みなどの家事や農作業の手伝いなど
の児童労働を行っていることが多くあります。このような状況で子
供が学校に行けば，子供がやっていた仕事を親がやらなければなり
ませんから，どうしても家族の収入は下がってしまいます。すると，
元々基本的なニーズが満たされていないような極度の貧困層であれ
ば，そのような収入減で家族の生存が危ぶまれることにもなりかね
ません。

　先進国であるような学資ローンが途上国でも備わっていれば，親
はお金を借りて子供に教育を与えられるかもしれませんが，多くの
途上国ではそのようなものは整備されていません。

　だから途上国の子供たちの多くは満足に教育を受けることができ
ないのです。このような状況を打破するためには，教育を広く無償
化していくとともに，公的機関が学資ローンや奨学金を貧困層に供
与していくのが１つの方法です。

　また，家の近くに学校がなく，通学に時間がかかるので，ますま
す教育のコストがかかってしまうということがあります。ですから，
農村を含めて多くの地域に学校を建てたり，学校への道路を造った
りするインフラ整備も必要です。

　筆者が東京大学の大学院で教えていたころ，ネパールからの留学
生が来ていたことがありました。その人は，もともと僻地の農村に
生まれ，村の小学校は出たものの，中学校は遠く離れた地域にしか
なく，到底通えるものではありませんでした。しかし，ある機関か
ら奨学金を得て，首都カトマンドゥの進学校に通うことができ，さ
らに日本の立命館アジア太平洋大学を経て，東京大学の大学院を修
了しました。その後は，IT 関連の会社を立ち上げて CEO を務めな
がら，ネパールで日本的なシステムを取り入れた小学校をいくつも
設立して運営しています。この人のエピソードは，教育，そしてそ
れを支えるための奨学金の重要性をはっきりと物語っています。

8.3 技術レベルの停滞による貧困

● 技術・知識の欠如

1人あたり所得の向上の要因のうち，もう1つは技術進歩です。技術については，**第1章の第1.4.1節**（18ページ）で詳しく説明しましたが，前節で説明した人的資本とは何が違うのでしょうか。

簡単に言えば，人的資本とは，1人1人の労働者が自らの教育によって獲得した能力です。むろん，技術も1人1人の労働者が獲得したものを指すこともあります。しかし，経済学で経済成長を語るときに使う「技術」とは，1人1人の労働者が持つ属人的な能力ではなく，1国（もしくはもう少し大きい単位であれば全世界，もう少し小さい単位であれば1産業や1企業）で共有されている技術や知識，アイデアのことを指します。

例えば，スマートフォンが発明されたことで，多くの国では企業や個人がそれを利用して，仕事の効率性を上げました。言い換えれば，それまでと同じだけの労働力と教育レベル，設備を使っていても，より多くの生産をすることができました。これが，技術レベルが上がった，技術進歩が起きたということです。

途上国の経済発展を考える上では，農業における新品種，例えば干ばつにも強い品種の改良が，技術進歩の1つの重要な例です。新品種を取り入れることで，農業の生産量が大幅に増えて人々の暮らしが改善することは，アジア各国が1960年代以降に経験したことです。これを緑の革命とよんでいます。

ただし，経済成長の主因である技術進歩は，必ずしもスマートフォンや新品種の発明のように，革新的な新製品や新技術の開発だけではありません。

第1章の第1.4.1節では，ラーメン店の生産について考えました。ラーメン店で，狭い店の中での従業員の立ち位置や具材の容器の置き場所をちょっと工夫することで，ラーメン1杯を作る時間を短縮することができたとしましょう。このような工夫が全ての従業員に共有されて活用されれば，やはりそれまでと同じだけの労働力と教育レベル，設備を使ってより多くの生産をすることができます。つまり，これも立派な技術進歩なのです。

図 8-5　全要素生産性と 1 人あたり GDP の関係

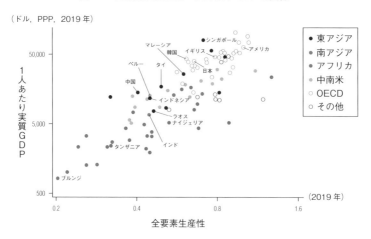

（ドル，PPP，2019 年）

出所：Penn World Tables 10.01

　第 1 章の**第 1.4.1 節**（18 ページ）では，このような技術のレベルを全要素生産性で測ることを説明しました。簡単に言えば，全要素生産性とは，生産量のうち労働力や資本量では説明できない部分です。OECD 諸国について全要素生産性と 1 人あたり GDP が相関することはすでに**図 1-9**（14 ページ）で示しました。それを，世界各国に広げたのが**図 8-5** です。この図からは，サハラ以南アフリカの国々で全要素生産性（技術レベル）が低く，そのために 1 人あたり GDP が低いことがわかります。

● 技術進歩を促進するには

　では，技術レベルはどのようにすれば向上するのでしょうか。技術レベルの向上と言えば，研究開発活動による新技術の発明を思い浮かべるかもしれません。むろん，それも技術レベルの向上の重要な要素です。

　しかし，途上国では研究開発活動による発明はそれほど多く行われるわけではありません。より重要なのは，先進国で発明された技術の学習と普及や，前述のラーメン店の例のような生産現場での創意工夫です。

　先進国の技術を学習するための 1 つの手段が，**第 7 章**の**第 7.2 節**（128 ページ）で述べた輸出による学習や対内直接投資（外資企業）からの技術のスピルオーバー（波及）です。

例えば，途上国の企業が先進国に輸出するとき，先進国の輸入業者が技術を指導するということはよく見受けられます。筆者はベトナムで衣服やタオルを作る零細な企業を調査したことがあります。そのうちの何社かは日本を含む各国に輸出をしていましたが，日本のバイヤーから生産技術や売れ筋のデザインなどを教えてもらっているということでした。

また，先進国企業が途上国に建てた工場が，コスト削減のために部品を本国から輸入せずに地場企業から調達することがあります。この場合には，先進国企業は質のよい部品を作ってもらうために，しばしば途上国の部品企業（サプライヤー）に技術指導を行います。

例えば，トヨタ自動車は東南アジアをはじめとする途上国にも多くの工場を持っています。それらの工場では，部品の在庫を最小限にするジャストインタイムや，労働者の提案で生産効率を上げていくカイゼンなどのトヨタ生産方式を，現地のサプライヤーに指導しています。このような経路を通じて，途上国の技術レベルは向上していくのです。

もう１つ，より積極的な手段は，先進国の製品を模倣することで技術を学ぶことです。模倣と言えばイメージは悪いのですが，途上国であったころの日本も模倣によって急激に技術進歩を遂げています。例えば，江戸時代末期の 1855 年には，薩摩藩と宇和島藩が西洋の書物や来航した黒船を模倣することで，独自の蒸気船を建造しています。トヨタ自動車の最初の乗用車 A1 型は，アメリカのシボレーとクライスラーから購入した乗用車やエンジンを分解して，それを模倣することで作り上げられました。

現代では，技術の購入にしかるべき対価を払うなど，知的財産所有権に配慮して模倣を行わなければなりませんが，途上国にとって模倣が重要な技術習得の経路であることは間違いありません。

例えば，スマートフォンのアプリによるシェアライドサービスは，Uber 社が 2010 年に始めたものですが，2012 年にマレーシアで Grab 社が，2015 年にインドネシアで Gojek 社が模倣して同様のサービスを始めています。その結果，両社ともスタートアップ企業として大成功をおさめ，いまや東南アジア各国でなくてはならない移動手段を提供しています。なお，両社とも創業者の一部はハーバード大学のビジネススクール出身者で，海外での経験が模倣のきっかけを与え，海外での教育が模倣を可能にしたといえます。

● 政策の必要性

　学習と模倣，いずれの経路にせよ，技術レベルを効率よく上げるためには政策が必要です。**第1章の第1.4.2節**（25ページ）で詳しく説明したように，努力して技術を学んでも，それが他の人や企業に伝わってしまうのをどうしても避けることはできません。ですので，市場経済では技術を学ぶための活動が十分には行われず，経済が最適な厚生を達成するためには（人々が最大限幸せになるためには），政策によってそのような活動を奨励していく必要があるのです。

　そのために有効な政策の一例としては，研究開発活動に対して補助金を出したり，研究開発活動を行う企業の税金を安くしたりすることがあります。これらは，自分たちで模倣的な研究開発活動を行える技術レベルに達した中所得国（例えば**図8-2**のインドネシアなど）では有効でしょう。

　しかし，より貧しい国々ではより基本的な技術の学習に焦点をあてるべきです。例えば，新しい農業技術の普及のために，技術普及員を育成して農民に対する指導を拡充することが1つの例です。実際に，携帯電話やスマートフォンなどを利用して SNS（ソーシャル・ネットワーキング・サービス）を通じた技術普及が進んでいますが，このような工夫が今後ますます必要になってくるでしょう。

　また，製造業の分野では，輸出による学習や対内投資からの技術のスピルオーバーを促進するために，より経済を開放的にして，国際貿易や投資の障壁を取り除いていくことが有効です。日本，韓国，台湾，シンガポール，香港，中国などは，戦後高成長を成し遂げて東アジアの奇跡とよばれました。これらの国や地域の成長を支えたのは，このような開放的な政策であったことが知られています。

　さらに，技術の学習が容易になるように，国民の教育レベルを上げることももちろん重要です。また，公的な機関が技術研修を安価に企業や労働者に提供するのもよいでしょう。こういった技術研修は，先進国の政府開発援助（official development assistance を略して ODA とよばれます）によって実施されることも多くあります。

　例えば，タイは自動車産業がけん引して経済成長を成し遂げて中所得国となりました。これは，日本の自動車メーカーがタイに工場を建て，そこから技術がスピルオーバーしたことが1つの要因ですが，日本の ODA による技術研修もそれを支えたのです。

8.4　貧困が貧困をよぶ

　図8-6で示すように，サハラ以南アフリカのいくつかの国では，1960年代の独立以来60年間にわたって1人あたり実質GDPがほとんど増えず，もしくはむしろ減ってしまったこともあります。ブルンジの1人あたり実質GDPは，1960年の755ドルから，2019年には790ドルとわずかに増えただけでした。マダガスカルは1,609ドルから1,539ドルへと微減，中央アフリカ共和国は1,550ドルから978ドルに激減しています。同じ期間に韓国の1人あたりGDPは1,256ドルから4万2,000ドルと30倍以上に，インドは1,168ドルから6,700ドルと約6倍に増えましたので，これらの国の停滞ぶりがわかります。

　これらのアフリカの国で経済が停滞もしくは衰退したのは，1つには政治的に不安定で，クーデターなどによる独裁政治が行われたことがあります。この点については，**第10章の第10.3節**（198ページ）で詳しく述べます。他方で，貧困層がなかなか貧困から抜け出せないのは，貧困の罠にはまってしまっているからかもしれません。貧困の罠とは，貧困が貧困をよぶような悪循環のことをいいます。

　第8.2節で，投資によって1人1人の所得が成長すると述べました。しかし，貧しい人は日々の暮らしに精一杯で，貯蓄をする余裕がなく，牛や大工道具に投資して所得を増やすことができません。

図8-6　アフリカにおける長期間の経済停滞

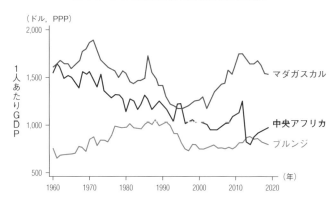

出所：Penn World Tables 10.01

163

そういう人々が多ければ，国全体の経済も成長しません。これが，貧困だからこそ貧困が続いてしまう貧困の罠の一例です。

逆に，ある程度所得が高ければ貯蓄をする余裕も生まれ，投資が進み，経済は成長していきます。そうすると，貧しい国は貧しいままで，ある程度所得の高い国はさらに所得を増やすことができ，その差はどんどん広がってしまいます。

貧困の罠にはまってしまっている場合には，政策が必要です。例えば，政府が国内外からお金を借りてある程度大きな投資をすることで，所得を増やせば，その後は十分に貯蓄による投資が進み，自律的に成長していけるかもしれません。このような政策をビッグプッシュ政策とよびます。

ただし，ビッグプッシュ政策には大きな財政支出が必要であることもあり，政府が非効率な投資を行ってしまうと，むしろ大きな借金が残ってしまって失敗する可能性もあります。本章の最後の**第8.5.2節**では，貧困の罠の理論と実際について詳しく解説します。

8.5　開発経済学のツール

8.5.1　途上国農村の金融市場

第**8.2**節で，途上国で投資が進まず所得の成長が停滞する原因の1つは，投資のためにお金を借りたくても十分に借りられないことだと説明しました。これは，資金を貸し借りする場である金融市場，特に途上国の農民や零細業者を対象にしたような未発達の金融市場では，リスクと情報の非対称性があるためです。情報の非対称性とは，取引相手同士が持つ情報に差があることをいいます。

● リスクと情報の非対称性

この点について，途上国の農民を例にとって詳しく説明していきましょう。途上国の農村では銀行のような正式（フォーマル）な金融機関はあまりありません。ですので，お金を借りるのは，村の地主や農作物の商人などインフォーマルな貸し手からになります。

このような手段で資金を借りた農民は，種や肥料，牛などを購入して耕作を行います。しかし，いくらがんばったとしても，天候が

悪ければ不作となり，十分な収入が得られない可能性があります。
これは農民にとってのリスクです。

　もし不作で収入がなければ，農民は借りたお金を返すことができ
ません。そうなると，貸し手は貸した資金を回収することができず，
大きな損失を被ることになります。これは，貸し手にとってのリス
クです。

　さらに，貸し手には借り手のことが完全にはよくわからないとい
う情報の非対称性の問題があります。まず，お金を貸す前には，借
り手がまじめに働いて借りた金を返済してくれるつもりなのか，借
りた金を遊びに使った挙句に，不作だったから返済できないとごね
たり，夜逃げしたりするつもりなのか，貸し手にははっきりしませ
ん。この場合の情報の非対称性とは，借り手の性質に関する情報を，
借り手自身は持っているけれども貸し手は持っていない状態を指し
ています。

　また，貸した後には，貸し手は借り手の農民がまじめに働いてい
るのかを確認して，そうでなければちゃんと働くようにさせたいわ
けです。しかし，貸し手も常に農民を見張っているわけにはいかず，
まじめに働いているかどうかを完全にチェックすることはできませ
ん（これを「モニターできない」と表現します）。

● 逆選択とモラルハザード

　このようなリスクと情報の非対称性の下では，2つの問題が生じ
ます。

　第1に，もし貸し手には誰がまじめに働いて返済してくれるの
かわからないのであれば，貸し手は返済されないリスクを考慮して，
金利を高くせざるをえません。しかし，まじめに働いて返済するつ
もりの借り手にはそのような金利は高すぎて，借りることができな
いという事態が生じます。半面，もともと借りた金を遊びに使って
夜逃げするつもりの借り手は，高い金利でも喜んで借りるでしょう。
このように，情報の非対称性があるために，悪い取引相手が選択さ
れてしまうことを逆選択（アドバースセレクション，逆淘汰ともい
う）といいます。重要なのは，情報の非対称性の下では，貸し手が
合理的に自分の利益を最大化しようとしているにもかかわらず，こ
のような非効率な状態を生み出してしまうことです。

　第2に，農民はお金を借りる前には「がんばって働いて返します」

と貸し手に言うでしょう。しかし，貸し手が農民をモニターすることが難しいときには，いざ借りてしまうと，がんばって働くのはつらいので，ついつい怠けてしまうこともあります。その結果，収穫が思うように増えず，お金が返済できなくなる可能性が高くなります。このようにリスクや情報の非対称性がある場合に，十分な努力をしないことをモラルハザードといいます。しかも，貸し手はその問題がわかっていれば，それを考慮して金利を高く設定するでしょう。

　逆選択やモラルハザードが起きれば，金利が高くなることで融資も投資も少なくなります。また，まじめな借り手に資金が回らず，努力不足を誘発して，経済効率が低くなります。これが，途上国の農民や零細事業者の所得の成長を阻害している一因となっているのです。

　先進国では，このような問題は必ずしも大きくありません。借り手の企業や個人の情報を調査し，融資を行った事業の進捗をモニターするための手法が発達していて，情報の非対称性の問題を緩和できるからです。

　とは言っても，途上国の人々も様々な知恵で情報の非対称性に対処しています。第8.2節でも紹介したマイクロ・ファイナンスやモバイル・バンキングはその例です。マイクロ・ファイナンスでは，銀行員が頻繁に借り手を訪問することで，モバイル・バンキングでは多くの借り手の情報を使って借り手のリスクをAI（人工知能）などの手法で予測することで，情報の非対称性の問題を軽減して，融資を拡大しているのです。

　また，途上国では貸し手と借り手が同じ村に住んでいたり，親戚同士であったりして，長期間にわたって密接な信頼関係を築いていることもよくあります。この場合にも，情報の非対称性の問題は緩和することができます。

　なお，このような情報の非対称性による市場の歪みは，一般的に保険，不動産，中古車などの市場でも起きることがよく知られています。

8.5.2　貧困の罠の理論

● 複数均衡モデル
　第8.4節では，貧困が長期間にわたって続く原因の1つとして，

図 8-7 貧困の罠の仕組み

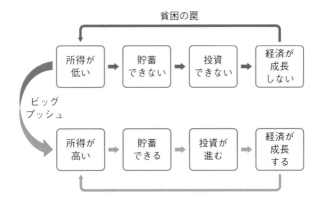

非常に貧しい場合には貯蓄ができずに，投資が進まないために，ますます貧しくなるという貧困の罠に陥ってしまうことを挙げました。

第 **8.1** 節で紹介したように，途上国では，1 日に 2 ドル程度以下でぎりぎりの生活をしている人が多くいます。極度の貧困に置かれた人たちは所得の全てを日々生き残るために使う必要があり，貯蓄することができません。つまり，その国の銀行などの金融機関は預金を十分に集めることができないのです。銀行が企業に貸すお金は集めた預金が基になっていますので，預金がなければ貸すことができません。すると，企業はお金を借りて設備や機械に投資をすることができなくなってしまいます。その結果，経済は成長できずに，所得は低いままです。図 **8-7** の上半分は，このような悪循環を図示しています。

しかし，逆にすでにある程度の所得の人が多ければ，経済全体の貯蓄は進みます。その貯蓄を基に企業はお金を借りて投資して経済は成長しますので，ますます所得は高くなっていきます。この好循環が図 **8-7** の下半分で示されています。

このような貧困の罠のプロセスが実際に存在し，長期的な貧困の原因になっていることは，バングラデシュの農民に対する長期的な調査によって示されています[3]。

貧困の罠は，他にも様々な理論で説明できます。例えば，第 **7** 章の第 **7.5.2** 節（141 ページ）の幼稚産業保護論の説明でも想定したよ

---

3 Balboni, C., Bandiera O., Burgess R., Ghatak M., and Heil A.（2022），Why do people stay poor? *The Quarterly Journal of Economics*, 137, 785-844.

うに，ハイテク産業には生産規模が大きいほど生産性が向上するという規模の経済が働くものの，伝統的なローテク産業には規模の経済が働かないとしましょう。ハイテク産業では，新製品開発のための初期費用が大きいために，たくさん生産すればするほど製品1つあたりの利益（売上－費用）が増えていくことが多いのです。また，生産規模が大きくなれば，経験による学習によって生産性が上がっていくかもしれません。

　このような場合にも，貧困の罠が発生します。もともとハイテク産業がある程度大きければ，ハイテク産業は規模の経済によって生産効率を上げていって，ますますハイテク産業の生産が拡大し，所得も上がっていきます。しかし，ローテク産業が主体の貧困国では，規模の経済が働かず，いくら生産しても生産の効率性が上がらず，所得も上がりません。

　経済学の理論では，このような貧困の罠は複数均衡モデルとして説明できます。伝統的な理論モデルでは，均衡，つまり経済が到達する状態は1つしかありません。しかし，複数均衡モデルとはそのような状態が複数ありえるようなモデルです。

　貧困の罠を描写した理論モデルでは，貧困のまま停滞する低位均衡と成長を続ける高位均衡とが併存しているにもかかわらず，現在貧困状態にある人や国は低位均衡から抜け出せないでいるのです。このような複数均衡モデルも，市場均衡が必ずしも社会的に最適ではなく，政策が必要な例の1つです。

● ビッグプッシュ

　低位均衡から抜け出すには，政策による支援，しかも大規模な支援が必要です。貯蓄ができないために貧困の罠が生まれている例を考えてみましょう。このときには，補助金を供与して貧困層の所得レベルを貯蓄できるくらいにまで一気に引き上げることで，貯蓄や投資を増やして，所得を向上させて，よい均衡に移行していくことが可能となります。実際，前に述べた貧困の罠にはまっていたバングラデシュの農民の中でも，NGOによって農耕のための牛を数頭供与された農家は貧困から脱却できています。

　ハイテク産業・ローテク産業の例では，国営企業の設立や補助金による外資企業の誘致によってハイテク産業を一気に育成すれば，規模の経済によって経済は成長し，貧困の罠から脱却できるはずで

す。

　小規模な支援では，貯蓄できるほど所得が向上しなかったり，規模の経済が十分に働くほどハイテク産業が育たなかったりして，結局は低位均衡に後戻りしてしまいます。ですから，貧困の罠から脱却するためには，大規模な政策的支援が必要なのです。このような政策をビッグプッシュといいます。

　ただし，貧困国がビッグプッシュによって必ず経済成長できるかどうかははっきりしません。そもそもビッグプッシュには巨額の予算が必要で，途上国がこれを実行するには，大規模に増税したり外国から借金をしたりする必要があります。しかし，貧困が**第 8.2 節**で説明したような標準的な原因によるものであれば，無理な増税や借金をしなくても，身の丈に合った規模の政策を地道にすることで，成長をすることは可能です。

　しかも，政府は必ずしも万能でも公正でもありません。ビッグプッシュを行う中で，ターゲットとすべき人々や産業を間違えたり，不正が行われて予算が無駄に使われたりして，経済成長が達成できない可能性もあります。これは政府の失敗の一例です。そうすれば，重い税金や借金だけが残ってますます人々は貧困になってしまいます。

　ですから，現実にはビッグプッシュ的な政策を実施するには十分な注意が必要です。この結論は，**第 7 章**の**第 7.5.2 節**（141 ページ）で説明した幼稚産業保護政策に関する結論と似ています。

《本章のまとめ》

- 開発途上国の経済停滞は，物的・人的資本投資や技術習得の不足に起因する。
- 物的・人的資本投資の不足は，金融市場が未発達で人々が必要な資金を十分に借り入れることができない借り入れ制約が起きていることにある。
- 開発途上国の技術進歩は，輸出による学習，対内直接投資からの技術のスピルオーバー，模倣によって起きる。しかし，これらのプロセスには外部性があり，政策によって促進することが必要である。

《本章で学んだ経済学のツール》

情報の非対称性：経済取引において，ある経済主体（人や企業）が他よりも多くの情報を持っている状態。

途上国農村の金融市場：金融市場にはリスクと情報の非対称性のために，逆選択とモラルハザードが起きる。逆選択とは，情報の少ない経済主体が劣悪な取引相手を選んでしまうこと。モラルハザードとは，取引相手が契約履行のために十分に努力をしないこと。

貧困の罠：貧しさが貧しさをよぶような悪循環があるとき，現在の貧困国はその低位均衡から抜け出せない。この場合には，政府による大規模な政策（ビッグプッシュ）によって高位均衡へと変化させることができる。

より深い理解のための参考文献 ─────────────

【教科書（初級）】

●戸堂康之（2021），『開発経済学入門［第 2 版］』，新世社
　筆者による学部 1・2 年生向けの開発経済学の入門的教科書。本章をより詳細に説明している。

●黒崎卓，栗田匡相（2016），『ストーリーで学ぶ開発経済学－途上国の暮らしを考える－』，有斐閣
　仮想的な途上国での日常を紹介しつつ，それを開発経済学で分析しており，わかりやすく学べるようになっている。

【教科書（初級～中級）】

●大塚啓二郎（2023），『「革新と発展」の開発経済学』，東洋経済新報社
　日本の開発経済学のトップ研究者である筆者の 50 年間の研究の集大成といえる教科書。

【一般書】

●アビジット・V・バナジー，エステル・デュフロ（2012），『貧乏人の経済学－もういちど貧困問題を根っこから考える－』，みすず書房
　開発経済学での貢献でノーベル賞を受賞した筆者らが一般向けに書いた本。わかりやすく最新の研究を紹介している。

※マクロ経済学（経済成長論）の教科書については，第 1 章の章末の参考文献リストを参照してください。

9 人々は合理的に意思決定しているのか？

－行動経済学－

　これまでの章では，伝統的で標準的な経済学に従い，利己的にかつ合理的に行動する個人や企業を想定していました。合理的というのは，自分の効用や利潤がどのように決まっているかを理解した上で，それを最大化するような選択を行うということです。

　しかし，読者の皆さんは違和感を覚えていると思います。人間ってそんなに合理的に意思決定をしているものなのかと。全くその通りです。1990年代以降に心理学をベースとして急速に発展している行動経済学は，まさに人間はそれまでの経済学が想定してきたほど合理的ではないことを実証的に明らかにしています。行動経済学は，人間を対象に様々な実験を行って，どのような場合にどのような意思決定をしているかを分析することで，人間の非合理性を示してきたところに特徴があります。

　この章は，人間が不合理であることを様々な角度から見ていきます。

9.1　人間は利他的である

　伝統的な経済学の理論では，人々は自分自身の効用だけを最大化するように利己的に行動します。**第4章の第4.5節** (75ページ) で解説したゲーム理論でも，他人の行動によって自分の効用がどのように変化するかを考えますが，他人のために行動するわけではありません。

　しかし，実際には人間は他人のために行動することがあります。自分を犠牲にして他人の命を救った人の話は，古今東西たくさんあります。そこまで大きな話でなくても，皆さんも特に見返りを期待せずに，他人に親切にしたことはあるでしょう。このように，人間

は必ずしも完全に利己的ではなく，利他性も持っていると考えられます。

● 独裁者ゲーム

　利他性を測るために，独裁者ゲームという実験が実際に被験者を対象に行われています。独裁者ゲームとは，2人の被験者を1組として行います。まず，実験の実施者は被験者の1人Aさんに1,000円を渡します。Aさんは，そのうちのいくらかをBさんにあげるという非常に単純なゲームです。AさんはBさんに何も渡さなくてもかまいません（図9-1）。

　このとき，AさんがBさんのことを知っていると，Aさんは「いつもBさんにはお世話になっているから」と思って，お金を渡してしまうかもしれません。これは，お互いに利益をやりとりしているため，つまり互酬性による行動ですので，必ずしもBさんのことを純粋に思っての利他性のためではありません。

　ですから，独裁者ゲームでは，AさんとBさんは直接顔を合わせませんし，そもそもAさんもBさんも誰が自分のペアになっているかは知らないようになっています。また，通常1回きりしかこのゲームを行いません。

　このとき，もしAさんが完全に利己的で合理的であれば，Bさんにお金を渡さないはずです。これが，伝統的な経済学理論の想定であり，理論的な予測です。

　しかし，このような実験は世界中でいろいろなケースで行われていますが，多くの場合お金をもらった被験者はもう一方の被験者にお金を渡すことがわかっています。例えば，筆者らがエチオピアの

図9-1　独裁者ゲーム

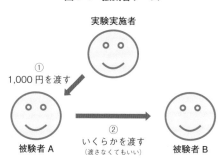

農村で行った実験では，一方の被験者に 50 ブル（ブルはエチオピアの通貨で，50 ブルは約 100 円です）を渡したところ，平均で約 10 ブルを相手にあげていました。しかも，約 1 割の人は相手にお金をあげない利己的な人でしたが，逆に約 7％の人はもらった金額の半分以上を相手にあげていました[1]。被験者の平均所得は 1 日 100 ブル程度で，彼らにとっては 50 ブルは必ずしも小さなお金ではありません。

つまり大多数の人間は，自分の効用だけではなく，他人の効用をも考えて行動する利他性を持っているのです。

9.2　人間は他人を信頼して協力する

伝統的な経済学では，人々は自分が利己的であるのと同様に，他人も利己的であると考えて行動します。

例えば，**第 4 章の第 4.5 節**（75 ページ）で解説した囚人のジレンマのゲームでは，あなたも相手も「もし自分が黙秘をするなら，相手は釈放されるために自白することを選ぶはず」と考えます。だからこそ，2 人とも自白してしまうのです。その結果，お互いに望ましくない均衡に陥ってしまいます。

しかし，もしお互いに「相手は自白して自分だけが釈放されようとはせずに，お互いのために黙秘するはずだ」と信じることができるとしましょう。そうすれば 2 人とも黙秘して，2 人とも自白する均衡よりもよい結果を達成できるはずです。

逆に言えば，伝統的な経済学では，このような根拠のない他人に対する信頼は想定されていないのです。

● 信頼ゲーム

実際，人間は他人を信頼しないのでしょうか。他人への信頼を測るために，信頼ゲームとよばれる実験手法が開発されています。このゲームも 2 人の被験者がペアとなって行われます。まず最初に，独裁者ゲームと同様に，被験者 A さんに 1,000 円が渡されます。

1　Takahashi, R., Todo Y., Kim Y. R., and Kashiwagi Y.（2022）, Utilizing Social Media For Agricultural Information Dissemination: The Role of Informant-Recipient Homogeneity. *SSRN*, No.4306443.

図9-2　信頼ゲーム

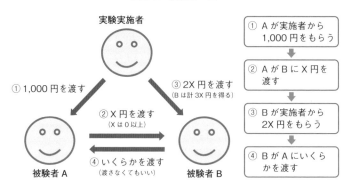

実験実施者

① 1,000円を渡す

② X円を渡す
（Xは0以上）

③ 2X円を渡す
（Bは計3X円を得る）

④ いくらかを渡す
（渡さなくてもいい）

被験者A　　　　　被験者B

① Aが実施者から
1,000円をもらう

② AがBにX円を
渡す

③ Bが実施者から
2X円をもらう

④ BがAにいくら
かを渡す

次に，AさんはそのうちのいくらかをBさんに渡します。1円もあ
げなくてもかまいません。

　これでゲームが終了する独裁者ゲームとは異なり，さらにBさ
んはAさんからもらった金額の2倍を実験実施者からもらえます。
例えば，Aさんが200円をBさんに渡せば，Bさんは実験実施者
から400円をもらって，計600円もらえることになります。そして，
最後にBさんはAさんと実験実施者からもらったお金のうち，い
くらかをAさんに渡します。BさんもAさんに1円もあげなくて
もかまいません（図9-2）。

　このゲームは，きちんとした契約がない状態で，AさんがBさ
んに出資して，Bさんが事業を行って儲けたお金をAさんに配分
するようなプロセスを模したものです。

　伝統的な経済学に基づいて，AさんもBさんも合理的で利己的
な個人だと想定して，このゲームの均衡を考えてみましょう。

　このゲームのように，いくつかのステップがあるゲームでは，最
後のステップからさかのぼって均衡を解きます。つまり，まず最後
のステップではどのように意思決定がされるかを考えて，そのよう
な意思決定がなされることを予想して，その前のステップでどのよ
うな意思決定がなされるかを考えるのです。このような方法を，後
ろ向き帰納法（バックワード・インダクション）といいます。

　まず最後のステップ（図9-2の④）では，利己的で合理的なB
さんはAさんにお金を渡すことはしないはずです。となると，ス
テップ②でもAさんはBさんにいくらかでも渡す意味はありませ
んので，Aさんはもらった1,000円をそのままキープします。です

から，Aさんが1,000円，Bさんが0円を得るというのがこのゲームの均衡となります。

しかし，この均衡は2人にとって得られる利得が低く，パレート最適ではありません（パレート最適については**第4章**の**第4.4節**(72ページ)を参照）。なぜなら，もしAさんがBさんに1,000円渡して，Bさんが実験実施者から2,000円もらい，計3,000円のうち1,500円をAさんにわたせば，2人とも1,500円を得ますので，上記の均衡よりも2人とも多くのお金を得られます。これは，パレート最適な状況です。

しかし，2人が合理的であれば，AさんはBさんに1,000円渡しても1,500円返してくれるとは考えませんので，結局そのような最適な状況は達成できないのです。

ところが，この実験を実際に行うと，多くの場合で2人ともが相手にお金を渡すということがわかっています。世界35か国で行われた様々な結果をまとめた論文によると，Aさんは平均してもらったお金の約半分をBさんに渡しています。また，Bさんは，実験実施者からもらった分を含めたお金のやはり約半分をAさんに返しているのです[2]。

この結果も，伝統的な経済学が想定しているようには，人々は合理的ではないことを示しています。単純な解釈では，AさんがBさんにお金を渡すのは，AさんはBさんが増えたお金の一部を返してくれるだろうと信頼しているからです。ですから，AさんがBさんに渡すお金の額は，AさんのBさんに対する信頼度を表していると解釈できます。

また，BさんがAさんにお金を渡すのは，BさんがAさんからの信頼にこたえようとしているからだと考えられます。ですから，BさんがAさんに渡すお金の額は，Bさんがどのくらい信頼に値するかを示していると解釈できるのです。

ただし，AさんにしろBさんにしろ相手にお金を渡すのは，前節で説明した利他性のためなど，他の要因の可能性もあることには注意が必要です。

---

2 Johnson, N. D., and Mislin A. A.（2011），Trust games: A meta-analysis. *Journal of Economic Psychology*, 32, 865–889.

● 公共財ゲーム

　もう１つ，他者に対する信頼を測る実験に，公共財ゲームというものがあります。このゲームは，例えば４人がグループとなって行うもので，まず被験者にはそれぞれ 1,000 円が与えられます。それぞれの被験者はもらった 1,000 円のうちいくらかを，実験実施者に対して拠出します。実験実施者は４人から拠出されたお金の総額を２倍した上で，４人に均等にして返します。

　例えば，４人のうちＡさんは 400 円，Ｂさんは 200 円を拠出したものの，ＣさんとＤさんは一切拠出しなかったとしましょう。すると，実験実施者はＡさんとＢさんが拠出した総額の 600 円を倍にした 1,200 円を４人に均等に，つまり 300 円ずつ渡します。すると，Ａさんは 900 円，Ｂさんは 1,100 円，ＣさんとＤさんはそれぞれ 1,300 円を獲得することになります。

　この実験を公共財ゲームとよぶのは，実験実施者に対する拠出を，あたかも公共財に対する投資と見なすことができるからです。公共財とは，競合性も排除性も持たない財，つまり誰もが自由に使える財（**第 4 章第 4.4 節**（72 ページ））のことでした。このゲームは，みんながお金を出し合うことでみんなが自由に使える公共財を生み出して，その公共財から得られる利益を全員で均等に配分するという設定になっているのです。

　例えば，４人が隣人で，共有地に井戸を掘って水を得ようとしているのを想定してみましょう。みんながたくさんお金を出せば，深い井戸が掘れて水がたくさん得られます。しかし，井戸は共有地にありますから，お金を出そうが出すまいが，それぞれの人が井戸から得られる便益は同じです。その意味で，実験実施者に対する拠出額は公共財（私的な財産ではなく）に対する投資と考えられるのです。

　さて，合理的な人々を想定した場合には，上の例のＣさんＤさんのように，自分はお金を出さず，他の誰かが公共財に投資して，その利益が自分に配分されるのを期待するのが合理的な判断です。しかし，そうなると全員がそういう行動に出ますから，このゲームの均衡では，誰も公共財に投資せず，それぞれが 1,000 円を得るだけとなります。

　これは，国防に代表される公共財は市場経済で民間企業が供給することはないために，政府が供給しなければならないという，公共

財に関する理論的結論と同じです（**第4章第4.4節**）。

しかし、この均衡もパレート最適ではありません。もし全員が1,000円を拠出すれば、総投資額は4,000円になって、それが2倍になって全員に均等に配分されるわけですから、それぞれが2,000円を獲得できるのです。それなのに、人々が合理的であれば、このような最適な状態は達成できないのです。

とは言え、実際に公共財ゲームを行うと、多くの人がいくらかのお金を拠出することがわかっています。筆者らが西アフリカのブルキナファソで行った実験では、500CFAフラン（約120円）を渡された被験者は平均で320CFAフラン、つまり渡された金額の6割以上を拠出しています[3]。この実験は世界各国で実施されていますが、平均的には約4割程度の金額が拠出されていることが報告されています[4]。

信頼ゲームと同様に公共財ゲームの結果も、人々が他の人が公共財に投資するだろうという信頼感をお互いに抱いており、しかも自分も他人からの信頼に応えようという気持ちがあるからだと考えられます。

● 人間は互いを信頼し、協力し合う

つまり、人々は互いに信頼して協力しあう気持ちを本質的に持っているのです。人間が協力しあう性質を持っているのは、長期的には協力することによって大きな利益が得られるために、そのような性質を持っている人間が進化の過程で選択されてきたからだという説もあります。

そもそも長期的な関係の中では、利己的で合理的な人々も協力することでより高い利益が得られることも多いのです。信頼ゲームを何回も繰り返すときに（これを繰り返しゲームといいます）、どのような均衡となるかを考えてみましょう。

もし、AさんBさんが互いを信頼して、AさんはBさんに1,000円渡し、したがってBさんは3,000円を受け取り、そのうちの1,500円をAさんに渡すという戦略を毎回とるとしましょう。する

3 Sawada, Y., Aida T., Griffen A. S., Kozuka E., Noguchi H., and Todo Y. (2022), Democratic institutions and social capital: Experimental evidence on school-Based management from a developing country. *Journal of Economic Behavior & Organization*, 198, 267–279.
4 Zelmer, J. (2003), Linear public goods experiments: A meta-analysis. *Experimental Economics*, 6, 299–310.

表9-1　信頼ゲームの繰り返し

Bの戦略	1回目		2回目		3回目		…
	Aの戦略	Bの利得	Aの戦略	Bの利得	Aの戦略	Bの利得	
(1) 常にAに1,500円渡す	Bに1,000円渡す	1,500円	Bに1,000円渡す	1,500円	Bに1,000円渡す	1,500円	…
(2) 1回目Aに何も渡さない	Bに1,000円渡す	3,000円	Bに何も渡さない	0円	Bに何も渡さない	0円	…

と，両方とも毎回1,500円の利得を得ます。これが**表9-1**の行（1）に示されています。

　しかし，BさんがそういうAさんの戦略を知って，1回目にAさんから1,000円もらって3,000円を得た後，Aさんには何も渡さなかったとしましょう。すると，Aさんは裏切られた後はBさんには何も渡さなくなるでしょう。その結果，Bさんは最初に3,000円を得られるものの，その後は何も得られないので（行（2）），長期的な利得はむしろ毎回1,500円をAさんに渡すほうが高くなります。

　ですから，長期的に信頼ゲームが繰り返されるのであれば，毎回お互いを信頼して両者にとって最大の利益が得られるように協力することが，むしろ合理的な判断なのです。じゃあ1回だけのゲームでも，互いを信頼してAさんはBさんに1,000円渡してBさんはAさんに1,500円渡せばいいじゃないかと思うかもしれません。しかし，ゲームが続かなければ，3,000円を得たBさんはAさんに何も渡さないはずです。あくまでも長期的な関係があるからこそ，合理的な人々の間での協力が生まれるのです。

　現実の世界では，人間関係は長期にわたって続きます。その中で，人々は互いを信頼して協力して行動することで，より高い利得・効用を得ています。つまり，人々の信頼や協力は長期的な効用を最大化するという合理性の産物だとも言えます。ですから，一見非合理的に見える信頼や協力も，利己的で合理的な人間を想定した伝統的な経済学でも説明できないことはありません。

　しかし，見知らぬ人たちを集めて1回限り信頼ゲームや公共財ゲームを行っても，信頼して協力することは非合理的なのに，信頼や協力に基づく行動をとる場合があります。これは，長年の人類の歴史の中で，信頼や協力によって人間は利益を得てきたために，信頼や協力が進化による選択によって人間の本質として定着したため

だと考えられます。その意味では，やはり人間は完全に合理的なわけではないのです。

9.3　人間は損失を嫌う

　もう1つ，伝統的な経済学では想定されていなかった人間の性質は，損をするのをものすごく嫌う，つまり損失回避的であることです。それを説明するために，**第4章の第4.1節**（66ページ）に出てきた効用関数を思い出しましょう。そのときには，ジュースとチョコそれぞれの消費と効用の関係をもとに，決まった総消費額の下でそれぞれの財の消費量がどうなるかを考えました。ここでは，それぞれの財ではなく，全ての財に対する消費額の合計と効用の関係を表す効用関数を考え，それを基に人々の意思決定がどのように決まっていくかを考えてみましょう。

　まず次の**第9.3.1節**では，伝統的な経済学の考え方を用いて，人々がリスクにどう対処しているのかについて解説します。リスクとは，将来あることが確実に起こるわけではなく，一定の確率で悪いことやよいことが起こることをいいます。その上で，その次の**第9.3.2節**では，行動経済学の考え方を用いて，人々が損失回避的になりがちなのはなぜかを説明していきます。

9.3.1　人間はリスクを回避したがる

　第4章の第4.2節（68ページ）のジュースやチョコをいくつ消費するかの選択の例で強調されたのは，限界効用逓減の法則でした。つまり，たくさんジュースを飲めば飲むほど，さらにもう1本飲んだときにその1本から得られる効用が減っていくのです。

　総消費額と効用の関係でも，総消費額が増えれば増えるほど，限界効用は逓減すると考えるのが伝統的な経済学です。つまり，消費が1円分増えたときに，その1円から得られる限界効用は下がっていきます。

　効用関数の一例を示したのが**図9-3**です。この例では，消費額が0のときの効用は0，100円のときの効用は100，1万円のときの効用は8,000となっています。限界効用が逓減していると，消費

図9-3　総消費額による効用関数

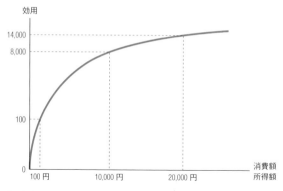

注：わかりやすいように軸の縮尺はデフォルメされている。

額が2倍になっても，効用は2倍よりも少なくしかなりません。
ですので，1万円を消費したときの効用は，100円のときの効用の
100倍の10,000とはならず，それより少なくなっているのです。
さらに，その2倍の2万円を消費したときの効用は，やはり2倍
以下の14,000にしかなりません。

　限界効用が逓減する効用関数を持っていると，人々はリスクを嫌
ってリスク回避的な行動をとるようになります。そのことを理解す
るために，図9-3の効用関数を持つあなたが，日雇いのバイトを
したと考えましょう。1日たっぷり働いて日給をもらおうとしたあ
なたに，ギャンブル好きの店長が言いました。「バイト代は1万円
だけど，もし君さえよければ，サイコロを振って奇数の目が出れば
2万円払う代わりに，偶数の目が出れば100円ということでどう？」
（むろん現実にはこのようなバイト代の支払いは違法です。）さて，
あなたはどうしますか？

　サイコロを振れば，もらえる金額の期待値（平均値）は0.5×
100＋0.5×20,000＝10,050円となり，平均的には1万円もらうよ
りも得だということになります。しかし，このような選択肢が示さ
れたときに，多くの人は確実に1万円もらおうとします。

　これは，もらえる金額の期待値ではなく，その金額分消費したと
きに得られる効用の期待値で考えると理解できます。バイト代1万
円をそのままもらえば，確実に8,000の効用が得られます。しかし，
サイコロを振れば，50％の確率で100の効用が，50％の確率で

14,000 の効用が得られますから，効用の期待値（期待効用）は 0.5 ×100＋0.5×14,000＝7,050 となります。

　ですから，1万円をもらった場合の効用のほうがサイコロを振ったときの平均的な効用より高くなるわけです。つまり，平均的な金額ではなく，平均的な満足度を追い求める人は，サイコロを振るというギャンブルを回避して確実に1万円をもらうのが合理的な判断だということになるのです。

　言い換えれば，得られる金額の平均値がほとんど同じであれば，人々はリスクを嫌うことが多いのです。このような人々の性質をリスク回避的といいます。このように，限界効用逓減の法則は，人間のリスクに対する姿勢（リスク性向）にも大きく関わっています。

　実際，なかなか人々はリスクのあることに手を出せません。例えば，起業して自分の会社を立ち上げれば収入が上がりそうだと思っても，失敗して路頭に迷うことを考えると，なかなか起業はできないものです。プロレスラーの故アントニオ猪木氏はその引退式で「迷わず行けよ，行けばわかるさ」という名言を残しましたが，なかなか迷わず行けないのは，多くの人間の持って生まれたリスク回避気質のためなのです。

　とは言え，限界効用逓減の法則が全ての人に当てはまらないように，リスク回避気質も全ての人に当てはまるわけではありません。まさに猪木氏がその例外で，新日本プロレスを 29 歳で創設したのをはじめ，様々な事業を立ち上げ，多くの失敗を経験しながらも，さらに新しい事業に挑戦していきました。このようにリスク回避的ではなく，むしろリスクを求めるような人をリスク愛好的といいます。

　リスク愛好的な人の効用関数は，図 9-4 の破線で示されているように，限界効用がむしろ逓増して，消費すればするほどより大きい限界効用が得られるようになっています。そうすると，サイコロを振ったときの期待効用が確実に1万円をもらうときの効用よりも高くなるからです。

　なお，効用関数が図 9-4 の点線で表されているように直線である場合，効用の期待値は消費金額の期待値と一致します。これをリスク中立的だといいます。リスク中立的な人は，リスク回避的な人とリスク愛好的な人の中間にあたります。

　ある人がリスク回避的なのか愛好的なのかは，上の例でバイト先

図9-4　リスク回避・中立・愛好的効用関数

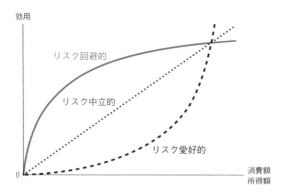

の店長が提示したような2つの選択肢のうちどちらを選ぶかなど
の質問をしたり，実際に実験をしたりすることで判断できます。さ
らに，獲得金額の期待値はほとんど同じでも効用の期待値が違うよ
うな様々な選択肢を加えれば，どのような選択肢を選ぶかでリスク
回避の度合い，リスク愛好の度合いが推測できます。

　このような実験から，多くの人々はリスク回避的でありながらも，
リスク愛好的な人も一定の割合で存在していることがわかっていま
す。例えば，中国の農村で行われた実験からは，9割以上の人はリ
スク回避的ですが，約8％の人はリスク愛好的であることがわかっ
ています[5]。

　さらに最近の研究では，個人のリスク性向は必ずしも一定ではな
く，変化することもわかってきました。例えば，リーマン・ショッ
クの後では人々はよりリスク回避的になり，東日本大震災の後では
男性は逆にリスク回避度が小さくなる傾向があったことが知られて
います[6]。

5 Liu, E. M.（2013）, Time to change what to sow: Risk preferences and technology adoption
decisions of cotton farmers in China. *Review of Economics and Statistics*, 95, 1386-1403.

6 Guiso, L., Sapienza P., and Zingales L.（2018）, Time varying risk aversion. *Journal of
Financial Economics*, 128, 403-421.
Hanaoka, C., Shigeoka H., and Watanabe Y.（2018）, Do risk preferences change?
evidence from the Great East Japan Earthquake. *American Economic Journal: Applied
Economics*, 10, 298-330.

9.3.2 なぜ損失を回避したがるのか

第 9.3.1 節では，あなたはバイト先の店長から「バイト代は 1 万円だけど，サイコロで奇数が出れば 2 万円，偶数なら 100 円ということにしてもいいよ」と持ちかけられました。これを①のケースとよびましょう。

しかし，もし店長からバイト代の 1 万円をもらった後，次の日にこう言われたらどうでしょう。「昨日はおつかれさま。ところで，賭けをしない？ サイコロを振って奇数が出れば僕が君に 1 万円あげるけど，偶数が出れば 9,900 円君が僕に支払うっていうことでどう？」これを②のケースとよびます。

もしあなたがリスク愛好的で，①のケースではサイコロを振ると考えたとしても，②ではちょっと考えて，断る人もいるのではないでしょうか。

実は，この 2 つのケースは実質的には全く同じです。確実に 1 万円をもらうか，50％の確率で 2 万円，残りの 50％の確率で 100 円をもらうかの選択です。唯一の違いは，②のケースではすでに 1 万円を手に握ってしまっていることです。ですので，①でサイコロを振って偶数が出れば，何もない状態から 100 円もらうのに対して，②でサイコロを振って偶数が出れば，1 万円持っている状態から 9,900 円を店長に払って手元に 100 円残るということになります。

この 2 つのケースでの効用は，伝統的な経済学では同じ 100 円による効用です。しかし，ダニエル・カーネマンらの提唱したプロスペクト理論[7]では異なります。なぜなら，彼らは②でサイコロを振って偶数が出た場合の効用を，1 万円をもらったことによる効用の増加分と 9,900 円を失うことによる効用の減少分を別々に考えた上で，それを合わせたものと考えるからです。これは，いったん 1 万円をもらってしまえば，その現状（参照点とよびます）から 9,900 円損をしたときの効用減を考えるべきだという理論的考察に基づいています。なお，プロスペクト理論では効用とよばずに価値とよびますが，混乱を避けるためにここでは効用で通します。

しかもこのようなときに，損失回避的な傾向のある人間は，9,900 円を損することによって，1 万円をもらったことで感じる効

---

[7] Kahneman, D., and Tversky A.（1979）, Prospect Theory: An Analysis of Decision under Risk. *Econometrica*, 47, 263-292.

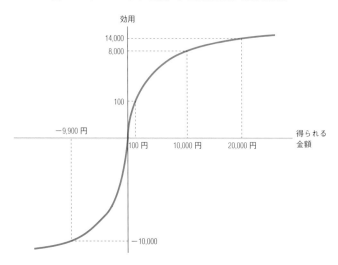

図9-5　プロスペクト理論による効用関数（価値関数）

用よりも大きな効用を失います。**図9-5**はそのことを描いたもの
です。ここでは，10,000円を得ることで8,000の効用を得ますが
（これは**図9-3**と同じ設定です），9,900円を失えば8,000より大き
い10,000の効用を失うと想定しています。

　ですから，プロスペクト理論によると，100円をもらうと100
の効用を得ますが，1万円をもらった後に9,900円を失うと，その
効用は8,000−10,000＝−2,000です。結果，②のケースではサイ
コロを振る場合の期待効用は14,000×0.5＋（8,000−10,000）×0.5
＝6,000となり，1万円をもらうときの8,000の効用よりも低くな
ります。これは，①のケースでサイコロを振る場合の期待効用
14,000×0.5＋100×0.5＝7,050よりも低く，ますますサイコロを
振らずに1万円をもらうことを選択するのです。

　むろん，人によっては効用関数の形状は違います。例えば，リス
ク回避的ではなく，2万円をもらったときの効用が14,000ではな
く16,000で，損失回避的でもなくて9,900円失ったときの効用の
減少分が10,000ではなく7,900であるとしましょう。すると，②
のケースでサイコロを振ることを選択しても，期待効用は16,000
×0.5＋（8,000−7,900）×0.5＝8,050となり，1万円をもらうとき
の効用8,000よりも高くなります。ですから，そういう効用関数を
持つ人はサイコロを振ることを選択するでしょう。

しかし，一般的には人々は損失回避的であることが知られています。例えば，前の第 9.3.1 節で紹介した中国農村の研究では，損失回避的でない人は全体の約 5％にすぎませんでした[8]。

損失回避的な人は，いったん自分が置かれた状態から損失が発生するようなリスクを冒さず，現状にとどまることを選択します。これを現状維持バイアスといいます。

人々が，リスクへの対処を超えて過度に現状維持バイアスを持っていることは，経済の成長にとって必ずしも好ましいことではありません。例えば，現状維持バイアスが強いと，自分にとって平均的にはプラスとなるはずの新しい技術や制度をとりいれることに躊躇しがちです。上で述べた中国農村の研究では，リスク回避的・損失回避的な人は新しい農業技術を導入しない傾向があることが確かめられているのです。

9.4　人間は損失を見過ごす

前節と同様，あなたは日雇いのバイトをしています。ある友達が，「来週のプロレスのチケットを買ったんだけど，行けなくなったから代わりに行かない？ お金はいらないから」と言ってきました。しかし，バイトのシフトをチェックすると，バイトが入っています。バイトを休むことは簡単なのですが，あなたはプロレスにはそれほど興味はなく，バイト代の 1 万円を損することを考えれば，いくら無料でも行くのはもったいないと，友達の申し出を断りました。

次の日，別の友達が「来月のプロレスのチケットをもらってくれない？」と言ってきました。幸い，来月のバイトのシフトはまだこれから入れるところでした。さて，あなたはどうしますか。

多くの人は，無料なんだし，バイトが入ってたわけではないんだから，まあ行ってみるかと思うでしょう。

しかし，この 2 つのケースは実質的には同じですので，行くか行かないかの選択がこの 2 つで違うのは合理的ではありません。なぜなら，まだバイトのシフトが入っていないにしても，バイトに行かずにプロレスを見に行けば，バイト代の 1 万円が得られないこ

8　Liu, E. M. (2013), Time to change what to sow: Risk preferences and technology adoption decisions of cotton farmers in China. *Review of Economics and Statistics*, 95, 1386-1403.

とは同じ事だからです。ところが人は，まだ決まっていないバイト代のように，はっきりとは見えない損失のことを忘れて意思決定をしがちです。

この例のように，ある選択をすることで，別の選択をしたことによる利益が得られなくなってしまうとき，その逃してしまった利益を機会費用といいます。

例えば，大学の学部を出て就職するか，大学院まで行くかの選択をするときには，大学院に行くことの費用は学費だけではありません。学部卒で就職したときには給料を得られますが，大学院に行けばその給料が得られなくなるので，その給料分が大学院に行くことの機会費用です。ですから，大学院に行くかどうかの選択は，学費とその機会費用の和が大学院に行くコストだと認識した上で，決めるべきなのですが，機会費用のことは忘れられがちです。

ビジネスにおいても，こういうことはたくさん起こっています。例えば，企業（や大学）では多くの人が参加した長時間の会議をやりがちです。しかし，会議をすることで，多くの人が長時間にわたって他の仕事をできなくなっていますので，その分の給料が会議の機会費用となるはずです。正社員であれば，給料を時給に換算すれば数千円になることは普通ですので，時給を 2,000 円として 20 人を集めた会議を 2 時間やれば，機会費用は 8 万円となります。ですから，その会議をやることで，利益が 8 万円以上増えない限りはそのような会議はするべきではありません。しかし，このような機会費用ははっきりと目に見えないために，会議をするかどうかを決めるときには見過ごされがちです。このように，機会費用の存在が非合理的な意思決定の原因の 1 つになっています。

9.5　人間は過去にとらわれる

さて，あなたはまた別の問題に直面しています。あなたはあるマンガ家の大ファンで，これまでその新作の長編マンガを第 1 巻から第 20 巻まで購入してきました。ところが，最近は昔ほど面白くなくなってしまい，しかも話の流れからすると，さらに 20 巻くらい続きそうです。あなたは続きを買い続けますか？（マンガ喫茶で読むことはできないとします。）

この選択では，多くの人が続きを買い続ける傾向にあります。あまり面白くないとはいえ，すでに 20 巻分のお金をつぎ込んでいて，途中でやめてしまうのはもったいないと感じるからです。

しかし，伝統的な経済学では，続きを買わないのが合理的だと考えます。なぜなら，すでに 20 巻を買ったとはいえ，その費用はすでに払ってしまったものであり，サンクコスト（埋没費用）とよばれます。サンクコストがあったとしても，現時点での意思決定はこれから支払う費用とこれから得られる効用や便益との比較で決定されるべきものです。これから買い続けてもあまり面白くないと予想するのであれば，いくらこれまで 20 巻買ったとしても，もうこのマンガとは縁を切ってこれ以上お金を無駄にすべきではありません。これまでの 20 巻分の金をもったいないと感じるのは，非合理的な考え方なのです。

なお，はじめにこのマンガを買い始めた時点では，あなたの判断は必ずしも間違っていたわけではありません。あなたは元々大ファンだったマンガ家の新作を，最初はわくわくしながら買っていたわけです。ですから，買い始めの時点では，費用よりも期待される効用が上回っており，そのマンガを買ったのは合理的に正しい判断だったのです。

そのように判断した原因の 1 つは，初めの時点ではそのマンガがおもしろいかどうかは確実にはわからないことです。これまで同じ著者のマンガを読んだ経験から，そのマンガがおもしろい可能性が高いと評価したわけです。しかし，その不確実性が解消されて，残念ながらそのマンガが面白くないことがわかり，これからの費用よりもこれからの期待効用が上回っていない以上，買い続けるという判断は誤りです。

こういったことは，ビジネスや政策の現場でも往々に起こります。例えば，1960-70 年代に英仏が共同で開発した超音速旅客機コンコルドは，開発途中で投資額が膨れ上がり，燃費重視などのビジネス環境の変化もあったために，すでに 1970 年代には開発を続けても採算が取れないことが予想されていました。しかし，すでに巨額の投資を行っていたことから開発をやめることができずに，結局大幅な赤字を出し続けて，2003 年にとうとう運航を停止しています。

この例でも，開発前のビジネス環境では，その後に燃費が重視されるようになることはわかっておらず，そのような不確実性の下で

は，コンコルドを開発しようとする意思決定は必ずしも間違っていたわけではありません。しかし，ある時点でビジネス環境の変化が確実となり，それ以降の開発費用をかけても追加の開発費用以上の利益が得られないと判断できたところで，撤退すべきだったのです。それなのに，もう巨額の開発費用を投入してしまったために，引き返せないと誤った判断が下されて，結局は損失が大きくなってしまったのです。これをコンコルドの誤謬とよび，サンクコストのために非合理的な判断が下されるサンクコストの誤謬の典型例だとされています。

このような例は，政府の公共投資による大型のインフラ・プロジェクトでも起こりえます。サンクコストによって引き起こされる非合理的な判断が，ビジネス上の損失や税金の無駄遣いにつながっているのです。

9.6　人間の行動をちょっとした工夫で変える

人間の非合理性はその意思決定に大きく影響しています。その結果，信頼ゲームや公共財ゲームのように，合理的でないことで信頼や協力が生み出されて，むしろ社会的によりよい均衡が達成されることもあります。逆に，損失回避的で現状維持バイアスがある場合やサンクコストの誤謬がある場合など，社会的により好ましくない均衡が達成されることもあります。

後者のケースでは，人々にメッセージを伝えるなどの手段で，より合理的で社会的によりよい意思決定を促すことができることが知られています。このような手段をナッジとよびます。ナッジとは，もともとは「軽くひじでつつく」という意味ですが，軽くつつくことで人々に合理的な判断を示唆して行動を変容させるわけです。

例えば，豪雨などの自然災害時に，早期に避難することが命を守ることであることは，災害が発生するたびに言われており，多くの人が認識しているはずです。しかし，実際に自分の身に災害が起きると，必ずしも多くの人が早期に避難するわけではなく，人命が失われることもしばしばです。

これは，1つには人間が損失回避的であるためです。被災することが確実ではない災害前の時点では，避難することで，例えば避難

所の固い床で寝なければならないなど，不便な状況に陥ってしまうと考えます。これは効用の損失であり，それを回避するために，避難をためらってしまうのです。言い方を変えれば，現状維持バイアスのために，これまで通り自宅にとどまることを選択してしまっているのです。

　大阪大学の大竹文雄らは，このような非合理的な判断のために失われる人命を減らそうと，人々に対してどのようなメッセージを発信すれば，早期避難を促すことができるかを仮想的な質問によって分析しました[9]。その結果，「これまで豪雨時に避難勧告で避難した人は，まわりの人が避難していたから避難したという人がほとんどでした。あなたが避難しないと人の命を危険にさらすことになります。」というメッセージを受け取った人が，避難場所に避難する意思を最も多く示しました。

　このメッセージは，自分が避難することで周りの人の避難をも促せるという外部性を示した上で，自分の避難が他人のためになるという利他性に訴えたナッジです。このナッジの効果は，「豪雨で避難勧告が発令された際に避難場所に避難すれば，食料や毛布など確保できます。」という利己性に訴えたナッジよりも効果が高かったのです。つまり，損失回避や現状維持バイアスによる非合理的な判断を，利他性という合理的ではない人間の性質を使って修正できたわけです。

　ナッジは，行動経済学の発展に寄与したリチャード・セイラーらが名づけた言葉ですが，2017 年にセイラーがノーベル経済学賞を受賞したことで，一般にも大きく知られることとなりました。世界中で政府や自治体が効率的な政策に利用しているばかりではなく，企業も自社製品のマーケティングのために，行動経済学の知見を利用したナッジを使うようになっています。

9.7　行動経済学は伝統経済学をくつがえしたのか

　以上のように，人間は伝統的な経済学が想定していたほどには合理的ではないことが，行動経済学の様々な実験や観察によって明ら

9　大竹文雄，坂田桐子，松尾佑太（2020），「豪雨災害時の早期避難促進ナッジ」，経済産業研究所ディスカッションペーパー，No.20-J-015.

かになってきました。そのため，様々な人間の非合理性をこれまでの経済理論に導入して，より現実に即した理論モデルが構築されています。そのような動きは，**第4章**で解説したような消費者の行動に関するミクロ経済モデルだけではなく，**第1章**や**第5・6章**で紹介したマクロ経済モデルでも進展しています。

では，合理的なホモ・エコノミカスに基づく伝統的な経済学の役割は終わってしまったのでしょうか。

必ずしもそうとはいえません。なぜなら，そもそも経済の理論モデルは，必ずしも完璧に現実を模式化する必要はないからです。そのようなモデルは複雑すぎて，スーパーコンピュータをもってしても解を得ることはできないでしょうし（つまりはコンピュータの中に現実社会と同じものを構築することになりますので），できたとしてもそこから得られる結論も複雑すぎて読み解くことも難しいでしょう。

ですから，理論的考察では，特定の問題を分析するために，現実をシンプルにモデル化して分析することも必要です。そのとき，伝統的な経済学に従って合理的な人間を想定することは，一定の意味があります。

また，行動経済学の結果自体もまだまだ十分に固まったものではないことにも，注意が必要です。行動経済学もしくはその基盤となった心理学の実験では，設定や状況が変わると結果が変わり，最初の研究の結果が再現できないことが多いとの批判があります[10]。

したがって，行動経済学が示した人間の非合理性について研究を深め，分析対象に応じて行動経済学を伝統的な経済学と融合させていく必要はあるものの，伝統的な経済学の枠組みが無意味になったわけではないのです。

《**本章で学んだ経済学のツール**》

利他性：人々は必ずしも自分の利得や効用だけを最大化しているわけではなく，他人の利得や効用をも考慮して行動する。

---

10 K Levine, D.（2012）, *Is behavioral economics doomed?: The ordinary versus the extraordinary*: Open Book Publishers.
https://www.openbookpublishers.com/books/10.11647/obp.0021

信頼：合理的で利己的な人間を想定したときの理論的予測に反して，人々は互いを信頼し，協力しあう。その理由の1つは長期的な利益の追求だが，進化の過程でそのような人々が生き残っているからかもしれない。

リスク回避的：限界効用が逓減するとき，人々はリスクを嫌い，確実に利得を得ることを好む。

損失回避的：人々はいくらかを得たときの効用の増加分よりも，同じ額を損したときの効用の減少分のほうが大きく，そのために損をすることを避け，現状を維持しようとする。

機会費用：ある選択をすることで，別の選択をしたことによる利益が得られなくなってしまうとき，その逃してしまった利益。はっきりと見えないために見過ごされて，非合理的な判断の原因となる。

サンクコスト（埋没費用）：人々は意思決定にあたって，これからの便益と費用をくらべるべきなのに，これまで支払った費用であるサンクコストにも影響されてしまって非合理な判断をしてしまう。

ナッジ：人々がより合理的な意思決定を行うために示す簡単なメッセージ。行動経済学的な知見を利用して，実際に広く利用されている。

より深い理解のための参考文献

【教科書（初級）】

● 筒井義郎，佐々木俊一郎，山根承子，グレッグ・マルデワ（2017），『行動経済学入門』，東洋経済新報社
わかりやすい入門書。

● リチャード・セイラー，キャス・サンスティーン（2022），『NUDGE －実践 行動経済学 完全版－』，日経 BP
ノーベル賞受賞者による，実例が豊富な入門書。読み物としてもおもしろい。

【一般書】

● 大竹文雄（2020），『行動経済学の使い方』，岩波書店
新型コロナウイルス感染症対策分科会のメンバーとして，行動経済学に基づく政策を提言した研究者によるわかりやすい一般書。

● 山村英司（2020），『義理と人情の経済学』，東洋経済新報社
行動経済学を義理と人情の経済学としてとらえて，ユニークな語り口で最新の研究を解説。

10 政治問題は経済学で分析できるのか？
－政治経済学 －

　本章では，**第4章の第4.5節**（75ページ）で紹介したゲーム理論を応用して，戦争と民主主義という2つの政治問題を考察します。これらはもともと政治学で考えられてきたトピックですが，最近は経済学でも分析されるようになっています。その理由は，経済学でゲーム理論が発展することで政治問題の理論分析が可能となったこと，政治に関するデータの整備が進んで数量的な実証研究が可能となったこと，政治と経済は切り離せないという認識が経済学で進んだことなどです。このような政治問題の分析を経済学では政治経済学とよんでいますが，政治学でもゲーム理論を使った理論分析やデータを使った定量的な分析が進んでおり，政治学と経済学の垣根は従来にくらべてかなり低くなってきています。

10.1　戦争と平和をゲーム論で考える

　まず，戦争がどのような場合に起きて，どのような場合には起きないか，そしてどうすれば戦争を防ぐことができるのかについて，ゲーム理論を利用したロバート・ジャービスの考察に基づいて考えてみましょう[1]。

● 安全保障のジレンマ
　ここでは，安全保障上の問題をめぐって緊張関係にあるA国とB国の2つの国を想定しましょう。例えば，2022年の開戦前のロシアとウクライナが，ウクライナ南東部のドンバス地方の支配をめぐって対立していたような状態です。もしくは，世界の覇権をめぐ

1　Jervis, R.（1978）, Cooperation under the security dilemma. *World Politics*, 30, 167–214.

表 10-1　安全保障のジレンマゲーム

		B 国の行動	
		話し合い	攻　撃
A 国の行動	話し合い	(1)　A：5 　　　B：5	(3)　A：0 　　　B：7（=10−3）
	攻　撃	(2)　A：7（=10−3） 　　　B：0	(4)　A：2（=5−3） 　　　B：2（=5−3）

って対立が深まっているアメリカと中国を考えてもらってもいいで
しょう。

　このとき，それぞれの国は問題を解決するためにもう一方と話し
合いをするか，軍事的に先制攻撃をするかの選択に迫られています。
両国が話し合いをすれば，お互いに妥協して問題は解決されますが，
利得は折半となります。例えば領土問題であれば，係争地域の半分
ずつを両国ともが獲得します。係争地域全体に 10 の価値があると
して，半分ずつを得た場合にはどちらの国も 5 の利得を得ます。こ
れが，**表 10-1** の（1）のセルに示されています。

　しかし，もし A 国は先制攻撃すると決断したにもかかわらず，B
国は話し合いをしようとして防衛を怠っていれば，A 国は係争地域
全部，つまり 10 の利得を得ます。しかし，侵攻のコストが 3 かか
ると仮定し，差し引きの利得は 7 となります。半面，B 国の利得は
0 です。これは，表の（2）のセルに示されています。また，逆に
B 国は先制攻撃して，A 国は話し合いをしようとした場合には，A
国の利得は 0，B 国の利得は 7 となります（（3）のセル）。

　さらに，もし両国とも先制攻撃を仕掛けると，軍事衝突が起きて
戦争になった上，互いに係争地域を半分ずつ獲得して戦争が終わる
とします。このときの両国の利得は，領土獲得による 5 の利得か
ら戦争の費用 3 を引いた 2 となります（（4）のセル）。

　このときの均衡はどうなるでしょうか。これは**第 4 章**の**第 4.5 節**
で解説した囚人のジレンマのゲームと同じ状況です。つまり，A 国
からすると，B 国が話し合うと決めた場合には，自分も話し合いを
すると 5 の利得，攻撃すると 7 の利得で，攻撃したほうが利得が
大きくなります。しかも，B 国が攻撃するときにも，A 国が話し合
いをすればその利得は 0 で，攻撃すれば利得は 2 なので，やはり
攻撃したほうが大きな利得が得られます。ですから，B 国がどうい
う対応をしようが，A 国とすれば攻撃したほうがよいということに

なります。

B 国にとっても状況は同じです。ですから，このゲームでは，両国とも攻撃をして，戦争になって領土は分割されるというのがナッシュ均衡となります（**表 10-1** の（4）のセル）。ナッシュ均衡とは，その均衡から誰か 1 人が違う戦略をとれば，その人の利得が下がってしまう状態です（**第 4 章第 4.5 節**（75 ページ））。

しかし，これはパレート最適ではなく，非効率的な均衡です。パレート最適というのは，誰かの利得を上げるためには誰かの利得を下げる必要がある状態のことでした（**第 4 章第 4.5 節**）。しかし，両国が話し合いをすれば，戦争をしなくて済み，お互いに 5 の利得を得られますから，このナッシュ均衡よりも両国の利得は高くなります。ですから，この均衡はパレート最適ではないのです。

パレート最適な状況が達成できないのは，どちらの国も話し合いをしたくても，そうすれば相手の国が攻撃してくると予測するので，自分も攻撃したほうがよいと考えるからです。相手の出方を戦略的に考えることで，最適な状況が達成できないこの状況を安全保障のジレンマとよびます。

ロシアとウクライナの関係では，このゲームの理論的予測通りに戦争が起きました。むろん，この場合にはロシアがまずウクライナを侵攻し，それに対してウクライナが防衛したわけですから，やや理論とは異なります。しかし，話し合い（外交）による決着がつかなかったという意味では，理論通りです。

10.2 なぜ緊張関係は常に戦争とはならないのか

しかし，そうはいっても領土問題などで緊張関係にある 2 国間で，常に戦争が起きているわけではありません。それはなぜでしょうか。1 つには**表 10-1** で表されるような利得のあり方が現実的ではないからかもしれません。

● 軍事行動による貿易・投資関係の喪失

例えば，安全保障問題で争っている 2 国であっても，経済関係が強く，国際貿易や投資を活発に行っていることもあります。現在安全保障上の緊張関係にあるアメリカと中国がその好例で，2022

表 10-2　経済関係の損失を考慮したゲーム（調整ゲーム）

		B 国の行動		B 国の行動	
		話し合い		攻　撃	
A 国の行動	話し合い	(1)	A：5 B：5	(3)	A：−4（＝0−4） B：3（＝10−3−4）
	攻　撃	(2)	A：3（＝10−3−4） B：−4（＝0−4）	(4)	A：−2（＝5−3−4） B：−2（＝5−3−4）

年時点でもアメリカと中国の貿易総額は年間 7,000 億ドル以上に上
ります。ですから，攻撃をすることでそのような経済関係がなくな
れば，攻撃をしたほうも攻撃をされたほうも利得を失います。

　経済関係の喪失による利得の減少を 4 としましょう。すると，こ
の場合の利得は**表 10-2** のようになります。例えば A 国が攻撃して
B 国が話し合いをしようとすると，A 国の利得は（領土 10−戦争
の費用 3−経済関係の喪失 4）＝3，B 国の利得は（領土 0−経済関
係の喪失 4）＝−4 となります（**表 10-2** の（2）のセル）。両者が攻
撃すれば，どちらの利得も（領土 5−戦争の費用 3−経済関係の喪
失 4）＝−2 となります（（4）のセル）。

　このとき，もし B 国が話し合いをするなら，A 国の利得は話し
合いをするほうが大きくなります（5＞3。（1）のセル）。相手が話
し合いをしてくるのであれば，攻撃して経済関係を喪失するよりは，
話し合って領土を半分獲得することで妥協したほうがよいのです。
逆に，B 国が攻撃するなら，A 国の利得は攻撃するほうが大きくな
ります（−4＜−2。（3）のセル）。攻撃をされれば，自分がどう対
応しようが経済関係で大きく損をしますから，黙っていないでやり
返したほうがましということになるわけです。

　ですから，安全保障のジレンマゲームとちがって，この例ではナ
ッシュ均衡は 1 つではありません。両国とも話し合うという均衡と，
両国とも攻撃するという均衡という複数の均衡が存在することにな
るのです（太い枠のセル）。このように，相手と同じ行動をするこ
とで自分の利得も高くなるようなゲームを調整ゲームとよびます。

　調整ゲームでは，どちらの均衡が達成されるかは理論的にははっ
きりしません。両国が，相手国が攻撃はせずに話し合うだろうと予
測すれば，両国が話し合う均衡が達成されます。逆に，両国が相手
国が攻撃してくるだろうと予測すれば，戦争となります。しかし，
A 国は相手が話し合うことを予想して話し合おうとするものの，B

国は逆に攻撃されることを予想して自分も攻撃しようとすることもありえます。そうすれば，ナッシュ均衡ではない（3）のセルが実現してしまいます。ですから，調整ゲームでは2つのナッシュ均衡が達成されるかどうかも実はわからないのです。

この状況でも，戦争の可能性は残っているものの，戦争が唯一の均衡である**表10-1**の安全保障のジレンマゲームよりは，まだ戦争が起こりにくいと言えます。特に，両国が相手国が話し合いをするだろうという予測するならば，戦争は回避されます。ですから，経済的な関係が紛争の歯止めになりえるのです。実際，2国間の貿易額が大きいほど，また直接投資額が大きいほど，軍事的紛争が起こりにくいことは，データでも示されています[2]。

● 攻撃に対する経済制裁

さらに，戦争が回避されるための別の要素について考えましょう。現実には，ロシア・ウクライナ戦争でのロシアのように，先制攻撃を仕掛けることで国際的に非難を浴び，多くの国から経済制裁を科されることもあります。このような外交的な信用失墜や経済制裁によって利得を4だけ失うとすると，攻撃によって10の利得を領土から得たとしても，純利得は（領土10－戦争の費用3－経済制裁4）＝3となります。両国が攻撃した場合には，それぞれの利得は5－3－4＝－2となり，それぞれの場合の利得は**表10-3**で表されます。

このときには，相手国が話し合いをしようが攻撃をしようが，自分は話し合いをしたほうが利得が高くなります（太い枠のセル）。ですから，両国が話し合いで解決をするというのがナッシュ均衡となります。これは，**表10-2**の例とは違い，たとえ攻撃をされても自分が反撃しなければ経済制裁を科されないので，攻撃されても話し合いのほうが高い利得が得られるからです。つまり，経済制裁によって攻撃をすることの損失が大きくなることで，両国は話し合い，最もよい状態が達成されるのです。

この結論は，国際社会が連携して，先制攻撃を加えた国には外交的・経済的制裁を科すと決めておけば，攻撃のコストを高くして，

2　Hegre, H., Oneal J. R., and Russett B. (2010), Trade does promote peace: New simultaneous estimates of the reciprocal effects of trade and conflict. *Journal of Peace Research*, 47, 763-774.
Bussmann, M. (2010), Foreign direct investment and militarized international conflict. *Journal of Peace Research*, 47, 143-153.

表 10-3　攻撃に経済制裁が科されるゲーム

		B 国の行動			
		話し合い		攻　撃	
A 国の行動	話し合い	(1)	A : 5 B : 5	(3)	A : 0 B : 3（＝10−3−4）
	攻　撃	(2)	A : 3（＝10−3−4） B : 0	(4)	A :−2（＝5−3−4） B :−2（＝5−3−4）

戦争を回避できる可能性を示唆しています。実際に，国際連合（国連）は安全保障理事会の決議に基づいて，各国に制裁措置を実施することがあります。北朝鮮に対する経済制裁がその一例で，北朝鮮との貿易を制限し，北朝鮮政府関係者の海外での金融資産を凍結しています。また，ロシアのウクライナ侵攻にともなって日米欧諸国は，ロシアに対して同じような制裁措置をとっています。このように経済制裁を発動することで，将来の戦争を抑制することもできているわけです。

● 繰り返しゲームによる長期的関係

　最後に，戦争が回避される要因として，2 国間の長期的な関係について考えましょう。**第 9 章の第 9.2 節**（173 ページ）では，信頼ゲームを繰り返して行うことで，人々は協力するようになることを説明しました。安全保障のジレンマでも同様です。2 国間が 1 度きり話し合いか攻撃かを意思決定するのではなく，**表 10-1** の安全保障のジレンマゲームを繰り返して行うと考えましょう。

　もし両国が常に話し合って係争地域を半分ずつ保持し続けるのであれば，両国とも毎回 5 の利得を得ます（**表 10-1** の（1）のセル）。しかし，もし A 国が話し合おうとしているにもかかわらず，B 国がそれを裏切って攻撃すれば，B 国はそのときには係争地域を占領して，7 の利得を得られます（（3）のセル）。しかし，その後は A 国も常に攻撃してくるので，毎回 2 の利得しか得られません（（4）のセル）。

　これをまとめたのが**表 10-4** です。この表から示されるように，B の長期的な利得は，常に話し合う場合には 5＋5＋5＋…となりますが，最初に攻撃すれば，7＋2＋2＋…となります。つまり，このゲームが繰り返されるのであれば，先制攻撃を仕掛けて一時的に高い利得を得るよりも，話し合いと協調を続けたほうが長期的には高

表 10-4　安全保障のジレンマゲームの繰り返し

B の戦略	1 回目		2 回目		3 回目		
	A の戦略	B の利得	A の戦略	B の利得	A の戦略	B の利得	…
（1）常に話し合う	話し合う	5	話し合う	5	話し合う	5	…
（2）1 回目に A を攻撃する	話し合う	7	攻　撃	2	攻　撃	2	…

い利得が得られるのです。ですから，この繰り返しゲームでは，常に話し合って攻撃しないというのが，ナッシュ均衡になります。この理論的結論は，領土問題がしばしば長期間にわたって膠着しつつも，どちらの国も必ずしも軍事行動には出ないという現実と，ある程度整合的であるといえます。

　このように，安全保障のジレンマがあるにもかかわらず，国家間の対立が必ずしも戦争に至らない原因には，戦争による相手国との経済関係の喪失，攻撃に対する外交的・経済的制裁，相手国との長期的な関係の喪失によって，戦争のコストが大きくなっていることがあります。特に，国際法に背いた軍事行動に対して，国連や主要国が外交的・経済的制裁を与えることをコミット（約束）して，各国にそう信じさせることは，戦争抑止のためにとりうる重要な手段です。

　むろん，現実の国際政治の場は，この節で紹介したゲームで表せるような単純なものではないでしょう。しかし，理論モデルの役割は，ある要素に焦点をあてて，その要素の役割を浮き彫りにするところにあります。その意味では，ここで挙げた 4 つのモデルは，それぞれが 1 つの重要な要素をあぶりだすことに成功しているといえます。さらに，政治経済学の最先端では，より現実に適合した様々な状況でこれらの要素や他の要素の役割を分析しています。

10.3　民主化の現状

● 世界の民主化は必ずしも進んでいない

　日本にいると民主主義が当たり前のように感じますが，世界では必ずしもそうではなく，様々な政治制度があります。そもそも民主主義（民主制）とは，国民が権力を持ち，自分たちの代表である政

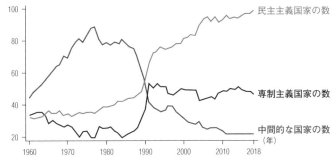

図 10-1　民主主義国家・専制主義国家の数の推移

（民主主義国家の数）

（専制主義国家の数）

（中間的な国家の数）
（年）

出所：Polity 5

治的リーダーを選挙で選ぶ政治制度です。半面，選挙で政治的リーダーを選ばずに，特定の政治家や政党が長期間にわたって独裁的に統治する専制主義（権威主義）の国も，まだまだ多いのです。また，選挙を実施しているからといって，必ずしも民主主義だとは限りません。現政権が自分たちの都合のいいように被選挙権者を法的に制限したり，立候補者や投票者に非合法に圧力をかけたり，選挙結果を書き換えたりと，不公正な選挙を行うこともあります。

このように，様々なレベルの民主主義，専制主義がありますが，民主化度をマイナス 10 からプラス 10 までに数値化した **Polity 5** という指標があります。この指標が 6 以上の国を民主主義国，－6 以下の国を専制主義国，－5 から 5 までを中間的な国と定義して，1960 年から現在までのそれぞれの数を示したのが**図 10-1** です。

これを見ると，民主主義国家は 1990 年前後に急激に増加したことがわかります。1980 年には専制国家もしくは中間的な国家だったのに 2000 年には民主主義に移行した国は 36 か国あり，ブラジルやメキシコなどラテンアメリカ 15 か国や韓国や台湾，フィリピンなどアジア 9 か国が含まれます。これらの国の 1980 年の 1 人あたり GDP の平均は 5,618 ドルで，この時期に中所得国になった国々が多いことがわかります。

しかし，同時期に民主国家もしくは中間的な国家から専制国家に移行した国も 34 か国あります。その多くは，カメルーン，エチオピア，コンゴ民主共和国などサハラ以南アフリカの国々です。これらの国々の 1 人あたり GDP の平均値は 3,161 ドルで，民主化した国々より貧しい傾向にあります。

図 10-2　民主主義と 1 人あたり GDP

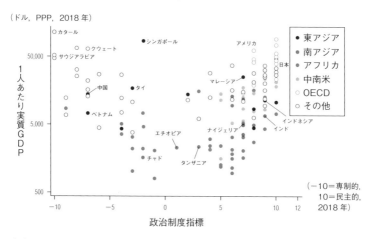

出所：Polity 5；Penn World Tables 10.01

　このような民主化と専制化の傾向は，所得が高くなると民主化す
る傾向にあることを示唆しています。しかし，2018 年における民
主主義の度合いと 1 人あたり GDP の関係を示した**図 10-2** を見る
と，必ずしもそのような単純なものではないことがはっきりします。
図 10-2 は，民主化のレベルと所得レベルの間にはある程度正の相
関関係があるものの，左上に一群の例外の国々があることを示して
います。これらの国々は，カタールやサウジアラビアなどの産油国，
そして中国やベトナムのように共産党の独裁の下で経済成長を遂げ
た国々です。これらの国々は，経済成長を遂げ，所得レベルが高く
なったにもかかわらず，専制制度を継続しているのです。

　このように，専制政治を長期間継続する国や，むしろ民主制から
専制に逆行する国があるために，1990 年から現在まで専制主義国
家の数はほぼ一定で推移しており（**図 10-1**），必ずしも世界的に民
主化が進んでいるわけではないことがわかります。これはなぜでし
ょうか。

● 民主化の経済効果
　専制主義国家が減らないのは，民主化によって必ずしも経済が成
長するわけではないからかもしれません。すでに**図 10-2** で民主主
義の指標と 1 人あたり GDP の関係を見ましたが，さらに**図 10-3** で，

図 10-3　民主主義と経済成長

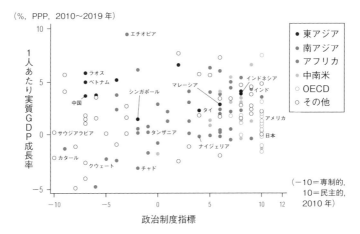

（％，PPP，2010〜2019 年）

出所：Polity 5 ; Penn World Tables 10.01

　民主主義の指標と 1 人あたり GDP 成長率との関係を見てみましょう。これによると，やはりこの 2 つには必ずしもはっきりとした関係があるようには見えません。専制主義国家の中にも，中国やベトナム，ラオス，エチオピアのように高い経済成長を達成している国もあるからです。

　もちろん，この図だけからは民主主義が経済成長に及ぼす効果がないとは断定できません。民主主義の度合いが高い国は先進国であることが多く，先進国は中所得国にくらべて経済成長率が低いことが多いので，民主主義の国はあたかも経済成長率が低いような傾向も見られるからです。

　こういったことを考慮して，民主主義が経済成長に及ぼす効果を推計した実証研究はたくさんあります。ただし，ある研究はプラスの効果を見出した[3]にもかかわらず，別の研究では効果が見出されない[4]など，はっきりした結論は得られていません。

　少なくとも，現実には専制政治によって高い経済成長を遂げている中国などの国がいることは事実で，そのために専制主義国家の政

---

3 Acemoglu, D., Naidu S., Restrepo P., and Robinson J. A.（2019），Democracy does cause growth. *Journal of Political Economy*, 127, 47–100.

4 Imai, K., Kim I. S., and Wang E. H.（2021），Matching methods for causal inference with time-series cross-sectional data. *American Journal of Political Science*.

府や国民が民主主義への移行をためらう場合があることは否めません。実際アフリカでは，中国のような政治と経済のあり方を目指している国も多いのです。

10.4　民主化の停滞を制度の経済学で考える

● 政治制度・経済制度の粘着性

　専制主義国家が減らないもう1つの理由は，政治制度にしろ，経済制度にしろ，制度はなかなか変わらないという性質があることです。これを制度の粘着性といい，人々が戦略的に行動することを考えるゲーム理論で説明ができます。

　ここでいう制度とは，必ずしも法律で決まった制度だけではなく，慣習的に決まっている枠組みも含みます。例えば，年功序列で決まっている日本の給与制度は法律で決まっているわけではありませんが，多くの企業が慣習的に採用している制度です。また，政治家や官僚に何かを依頼するときに賄賂を渡すことが習慣化してしまっているような場合も，1つの制度だといえます。

　制度の粘着性を考えるために，制度の1つとして，エスカレーターに立ち止まって乗る人は左に立ち，歩く人は右を歩くという慣習を例にとりましょう。大阪周辺以外では，ほとんどの人は左に立ち，右を歩きますが，これはルールで決まっているわけではありません。

　しかし，皆が左に立って右を歩いているために，左を歩くことはできないし，右に立っていると文句を言われるかもしれません。ですから，皆と同じように立つときには左に立ち，歩くときには右を歩くというのが，自分の効用を最大化するための戦略になります。つまり，これは本章の第10.2節で説明した調整ゲームの1種なのです。その結果，全員がそのような戦略をとることが全体の均衡となります。

　このとき，いったん左に立って右を歩くという均衡が決まれば，なかなかその均衡は変わりません。なぜならば，この均衡はナッシュ均衡で，皆が他人がそのように行動している以上は，自分だけが別の行動をとっても，歩きにくかったり人から文句を言われたりして，自分が損をするだけだからです。実際，鉄道会社は左右両方に

立つのがルールであると乗客によびかけていますが，それを聞きいれる人はいません。

先ほど挙げた政治家や官僚に対する賄賂の習慣も同様です。いったんそれが慣習として定着してしまえば，自分だけが賄賂を渡さなければ，政治家や官僚に自分の要求を通してもらえずに，自分が損をしてしまいます。ですから，なかなかこの慣習，つまり制度は変わらないのです。

財産所有権の保護制度についても同じようなことが言えます。日本では所有権が確立していて，他人が所有するものを勝手に自分のものにすることはできませんが，途上国では必ずしもそうではありません。先祖代々所有していた土地を政府に取り上げられたり，他人に暴力的に奪われたりするようなことが横行している国もあります。他の人が所有権を守らない社会では，自分だけがまじめに守っていると損をしてしまいます。ですから，所有権を守らない無法状態が1つの均衡となって持続してしまうのです。

● **経済制度の歴史的要因と粘着性**

このような考察の下，MIT のダロン・アセモグルらは，歴史的な要因で決まった政治制度や経済制度が，大きく変化せずに現代に引き継がれていると考えました。

歴史的要因の1つが西欧諸国による植民地支配です。西欧諸国がある地域を植民地としたとき，その地域がアフリカや熱帯アジアのように過酷な気候環境であったとしましょう。西欧諸国は，そういった地域では短期的な資源の搾取を目的にしたために，市民の財産所有権や政治的権利を与えずに，収奪的な制度を植えつけたといいます。逆に，北米や豪州のように西欧と同様の穏やかな気候環境であれば，長期的な視野で植民地に西欧的な制度を導入しました。

アセモグルらは，このような異なる経済・政治制度が現代にも引き継がれていることを実証してするために，歴史的な環境指標として，西欧が100年以上前に入植したときの植民者の死亡率に注目しました[5]。**図10-4**は，入植者の死亡率が高かった地域ほど，現代の所有権保護の度合いが弱いことを示しています。つまり，歴史的

5 Acemoglu, D., Johnson S., and Robinson J. A.（2001）, The Colonial Origins of Comparative Development: An Empirical Investigation. *American Economic Review*, 91, 1369-1401.

図 10-4　植民地支配と現代の経済制度

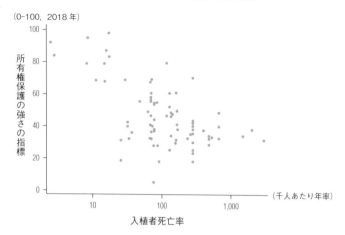

出　所：Acemoglu, et al.（2001）, The Colonial Origins of Comparative Development: An Empirical Investigation, *American Economic Review*, 91(5)；Heritage Foundation
注：死亡率は地域によって大きな差があるために対数をとっている。また、元論文とは異なり、この図では制度の指標として、ヘリテージ財団による所有権保護の指標を使っている。

図 10-5　経済制度と 1 人あたり GDP

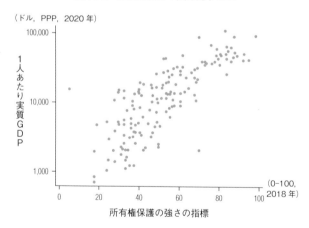

出所：世界銀行, World Development Indicators；Heritage Foundation

　な出来事によって現代の制度の質もかなりの程度決まってしまっているのです。
　しかも、**図 10-5** は所有権保護の程度が高いほど、1 人あたり GDP が高いことを示しています。これは、所有権が保護されていれば、人々はまじめに働き、企業は積極的に投資をすることができ

るからです。ですから，植民時代に劣悪な制度を植えつけられてしまった熱帯アジアやサハラ以南アフリカの国々は現在でも所有権保護の度合いが弱く，そのために所得レベルが低いわけです。このことは，制度に粘着性があってなかなか変わらないことで，所得レベルが大きく影響を受けていることを示しています。

● 政治制度の歴史的要因と粘着性

　経済制度だけではなく，政治制度も粘着的です。専制主義国家で，少数の国民が民主化をしようとしても，自分たちだけが弾圧を受けて損をするだけです。ですから，専制国家によって搾取されて暮らしは大変でも，それに甘んじて民主化運動を起こそうとは思わないでしょう。むろん，実際には専制国家が民主化することはあります。しかし，それは専制国家による搾取の度合いがひどく，民主化しないと生き延びられないと多くの国民が考えるなど，均衡を動かすための大きな要因が必要です。

　図 10-6 は，入植者の死亡率と Polity 5 による民主主義の度合いの指標との関係を示しています。これを見ると，**図 10-4** とくらべるとやや相関の度合いが弱いですが，入植者の死亡率が高かった地域では，現代でも民主化度が低い傾向が見られます。経済制度と同様に，入植時代の厳しい生活環境は収奪的な政治制度を生み，それ

図 10-6　植民地支配と現代の政治制度

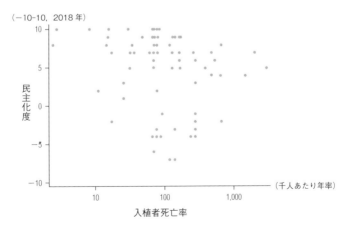

（−10-10，2018 年）

民主化度

（千人あたり年率）

入植者死亡率

出　所：Acemoglu, et al.（2001），The Colonial Origins of Comparative Development: An Empirical Investigation, *American Economic Review*, 91(5)；Polity 5

図 10-7　経済制度と政治制度の補完性

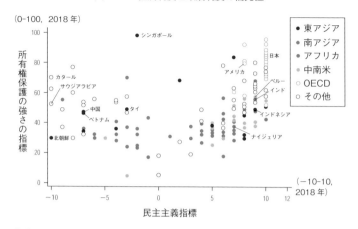

出所：Polity 5；Heritage Foundation

　が現代まで残っているのです。このように制度に粘着性があること
が，現在でも専制主義国家が減らない理由の１つだと考えられます。
　しかも，経済制度と政治制度は補完的な関係にあります。つまり，
専制的な政治制度の下では独裁者は自分で富を独占するために，一
般的には財産の所有権を認めないような収奪的な経済制度をとるこ
とが多いのです。逆に，民主的な政治制度の下では，広く国民に富
が行き渡るような自由な市場中心の経済制度が選択されることが普
通です。図 10-7 は，左上の数か国を除けば，民主主義の度合いが
高いと所有権保護も強いこと，つまり経済制度と政治制度の補完性
を示しています。
　このように，複数の制度が補完的な関係にある場合には，その粘
着性がさらに高まります。なぜなら，北朝鮮のように専制的な政治
制度で収奪的な経済制度の国で，経済制度だけを自由経済に変える
ことを独裁者が認めることはまれで，同時に政治制度も民主的に変
えなければ，その制度変更は持続的ではありません。２つの制度を
同時に変えるのは，１つを変えるよりも難しく，ますます制度は粘
着的になるのです。
　なお，図 10-7 では，中国やベトナムやサウジアラビアなど，政
治的には専制主義でありながら，経済的には市場経済中心で，所有
権が比較的保護されている国もあります。図 10-3 では，これらの
国々が専制主義でありながら比較的経済成長率も高いことが示され

ています。ただし，これらの国では近年は経済に対する国家統制が進行する傾向にあり，今後この傾向が続くかどうかははっきりとしません。

　このように例外はあるにせよ，ゲーム理論の枠組みを応用した制度の経済学によって，専制的な政治制度や収奪的な経済制度が粘着性を持って持続しており，所得レベルにも影響していることがある程度説明できました。このことは，多くの専制主義国家においてこれからも民主化が進まない可能性を示唆しています。

《本章で学んだ経済学のツール》

安全保障のジレンマ：緊張関係にある2国が，囚人のジレンマ的状況に陥って，軍事衝突してしまうこと。ただし，この状況は，軍事衝突による経済関係の喪失，国連や主要国による経済制裁，長期的な関係があれば回避できる。

民主主義と専制主義：世界各国の民主化は必ずしも進んでいない。これは民主化の経済成長に対する効果が必ずしも明らかでなく，政治・経済制度が粘着的で変化しにくいため。

制度の粘着性：政治・経済制度は歴史的な出来事で決まり，それが現代まで持続してしまって，所得レベルに影響することが多い。

より深い理解のための参考文献 ────────

【教科書（中級）】

- 北村周平（2022），『民主主義の経済学－社会変革のための思考法－』，日経BP

  民主主義について，豊富な実例と政治経済学の簡単な理論モデルを使ってわかりやすく説明している。

- 浅古泰史（2018），『ゲーム理論で考える政治学－フォーマルモデル入門－』，有斐閣

  政治制度や戦争についてだけではなく，様々な政治学のトピックをゲーム理論で解説している。

- 青木昌彦（2008），『比較制度分析序説－経済システムの進化と多元性－』，講談社

  制度の経済学の創始者の1人である著者による中級の解説書。日本とアメリカの経済制度がどのように生まれ，どのように変革していくべきかを分析している。

● ダロン・アセモグル，ジェイムズ・A・ロビンソン（2020），『自由の命運－国家，社会，そして狭い回廊－』，早川書房

本章でもたくさん論文を引用しているアセモグルらによる民主主義や自由主義に関する考察。学術研究に裏打ちされた，膨大な実例とわかりやすい説明による必読の書。

11 因果関係はどうやって検証するのか？

－計量経済学－

　経済学では，理論的な分析ももちろん大事ですが，データを使った実証分析も同様に，もしくはそれ以上に重視されています。理論的な結論は，実証的に検証されなければ本当に正しいのかどうかはわかりません。例えば**第7章の第7.2節**（128ページ）では，経済のグローバル化が企業の生産や労働者の所得を拡大させると述べました。しかし，それがデータを使って実証されなければ，本当にグローバル化を進めるべきかどうかははっきりと言えません。

　さらに，どのような政策が効果的なのかについても実証的に検証されなければ，目的は正しくても効果のない政策を実行することにもなりかねません。このような政策や施策の効果を検証することも，経済学の実証研究の1つの大きな柱です。本章では，そのような実証研究の手法である計量経済学の基本について解説します。

11.1　回帰分析－経済学の定量分析の基礎－

　まず，1つの例として，グローバル化と生産の拡大の関係を実証的に検証してみましょう。**図11-1**は，グローバル化の指標の1つとして輸出額（対GDP比）と1人あたりGDPの関係を，国ごとのデータを使って表した散布図です（130ページの**図7-4**と同じものです）。それぞれの点がそれぞれの国の輸出額と1人あたりGDPを示しています。この図を見ると，どうやらこの2つには正の相関関係があるようです。

　こういった関係を数量的に明確に表すために，経済学では主として回帰分析という手法を使います。この例を使えば，回帰分析とは，輸出額の対GDP比のような要因と，1人あたりGDPのような結果の関係が

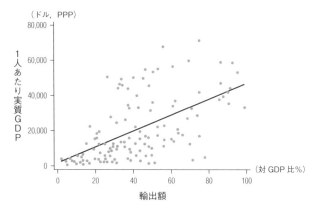

図 11-1　輸出額（対 GDP 比）と 1 人あたり GDP（ドル）の相関（2022 年）

出所：世界銀行，World Development Indicators

$$1 人あたり GDP = a + (b \times 輸出額の対 GDP 比)$$

という 1 次関数で表されるとして，a（切片）と b（傾き）の値を
データから推計する手法です。一般的には，輸出額の対 GDP 比の
ような原因を表す変数を説明変数，1 人あたり GDP のような結果
を表す変数を被説明変数といいます。

● **最小 2 乗法**

　回帰分析の代表的な手法に，最小 2 乗法（ordinary least squares
を略して **OLS** とよばれます）というものがあります。詳細は本章
の後半の**第 11.6.1 節**に譲りますが，簡単に言えば**図 11-1** のような
散布図があった場合に，ばらまかれている点に最も当てはまりのよ
い直線をひいてみるという手法です。

　図 11-1 には，OLS によって得られた線が書かれています。この
ときに，この線の傾き（つまり上の式の b）は 450 であることが計
算によって得られました。これは，輸出額の対 GDP 比（%）が 1%
ポイント大きいと，1 人あたり GDP は 450 ドルだけ大きくなるこ
とを示しています。もちろん，これは必ずそうなるということを保
証しているわけではなく，あくまでも平均的にはそのような傾向が
あるということです。

　この例では，1 人あたり GDP の要因として，輸出額の対 GDP
比だけを使った単回帰分析という手法を使っています。しかし，そ

れ以外に，例えば投資率や教育レベルの指標など複数の要因を説明変数として入れ込んだ

$$1 人あたり GDP = a + (b \times 輸出額の対 GDP 比)$$
$$+ (c \times 投資率) + (d \times 教育レベル)$$

という式を考えて，a，b，c，d の値を推計することも可能です。これを重回帰分析とよびます。この分析では，b，c，d はそれぞれの説明変数と被説明変数との関係を示します。ですから，重回帰分析では，様々な要因と被説明変数との関係を同時に考慮して，それぞれの関係を切り分けることができるのです。実際の実証分析は，ある変数の要因が 1 つしかないということはあまり考えられないので，重回帰分析が利用されることがほとんどです。

11.2　社会科学において因果推論は難しい

　前節では，OLS を利用して輸出額の対 GDP 比と 1 人あたり GDP の関係を推計しました。しかし，これはあくまでもこの 2 変数の相関関係を表しているだけで，輸出を増やせば 1 人あたり GDP が増えるという因果関係を必ずしも示しているわけではありません。

　その理由は主に 3 つあります。第 1 に，この相関は，輸出が増えると 1 人あたり GDP が増えるという因果関係ではなく，1 人あたり GDP が増えると輸出額が増えるという逆因果関係を表しているのかもしれません。1 人あたり GDP が大きいということは技術レベルが高いということでもあり，海外の市場での競争力が高く，輸出も増えるということも十分ありえるからです。

　第 2 に，原因となる説明変数と結果となる被説明変数双方に影響する第 3 の要因があるのかもしれません。例えば，2020 年の新型コロナウイルスの感染拡大期には，各国でロックダウン（都市封鎖）が行われたこともあり，世界的に貿易も生産も減少しました。コロナが輸出にも 1 人あたり GDP にも同時に影響しているときも，輸出と 1 人あたり GDP の相関関係は見られるはずです。ですから，このような同時決定性の問題が生じているときにも，相関関係は因果関係を表すとは必ずしも言えません。

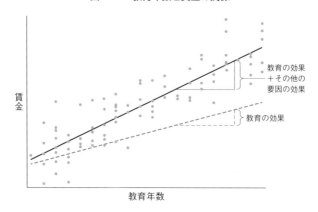

図 11-2 教育年数と賃金の関係

賃金

教育の効果
＋その他の
要因の効果

教育の効果

教育年数

　最後に，輸出が1人あたりGDPにおよぼす影響からコロナの影響を切り分けることは，コロナ禍やロックダウンのレベルを表す指標を説明変数として加えた重回帰分析をすることで可能です。しかし，必ずしもそれができない場合もあります。

　例えば，教育が賃金や所得に与える影響を検証することを考えてみましょう。大卒の人と高卒の人の賃金や生涯所得をくらべてみると，平均的には大卒の賃金が高いことはデータからははっきりしています。しかし，これは大学で教育を受けた効果なのでしょうか。大学を卒業する人は，もともとの能力が高いからこそ大学に入学できています。すると，大卒の人の賃金が高いのはもともとの能力が高いからで，大学で受けた教育のためではないかもしれません。

　このとき，もともとの能力を正確に測ることができれば，その変数を説明変数として加えることで，能力の効果と教育の効果を切り分けることはできます。しかし，数字では測れないような忍耐力やコミュニケーション能力などの非認知能力を含めると，総合的な能力はなかなか正確に測ることはできません。すると，本来は賃金の要因であるもともとの能力を表す変数がデータから欠落してしまうという，欠落変数の問題が生じます。このとき，欠落したもともとの能力の効果と大学教育の効果とは切り分けることができないため，大学教育の正しい効果を測ることは難しいのです。

　そのことを理解するために，仮想的なデータを基に，教育年数と賃金の関係を示した図11-2を見てみましょう。OLSによって，実線で示された関係が得られました。しかし，この関係（実線の傾き）

は教育年数が賃金に及ぼす効果を示しているわけではありません。もともとの能力が高いと教育年数が増える傾向にありますから，教育年数と賃金の相関関係には，もともとの能力が賃金に及ぼす効果も混じってしまっているのです。教育年数が賃金に及ぼす本当の効果が点線で表されるとすれば，点線と実線との差がもともとの能力の効果ということになり，OLS による推計では教育の効果は過大評価されてしまうことになります。

● 内生性による推定の偏り

経済学，もしくは政治学などを含めた社会科学における実証分析では，このような逆因果関係，同時決定性，欠落変数によって推計がゆがんでしまうという問題がしばしば起こります。これらを総称して，説明変数の内生性による推定の偏りとよびます。内生性という言葉は，1人1人の教育年数などの説明変数が偶然によって外生的に決まっているのではなく，なんらかの要因で内生的に決められていることを表しています。内生性の問題は，社会科学の実証分析のほとんど全ての場合で起こると言っても過言ではありません。ですから，相関関係と区別して正確に因果関係を推計することは簡単ではありません。

しかし，「こうすれば経済・社会はこうなる」という因果関係を明確にしてこそ，そのためにはどうすればよいかが考えられるわけですから，相関関係と因果関係を区別することは，経済学にとって非常に重要なことです。ですから，経済学ではデータから因果関係を識別して推計する因果推論のための様々な手法が開発されています。次節以降，その手法を紹介していきます。

11.3　実験による因果関係の識別

自然科学では，因果関係を検証するために実験が可能です。例えば，物体を落下させたときの落下時間と落下速度の関係や，薬の病気に対する効果などは，実験によって確かめられます。

一般的に，薬の効果を測る実験は，無作為化比較試験（またはランダム化比較試験，randomized controlled trial を略して RCT）という方法で行われます。図 11-3 に示されるように，RCT では，対

図 11-3　RCT の概要

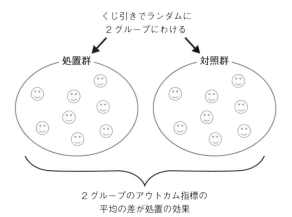

くじ引きでランダムに
2 グループにわける

処置群　　　　　　　　対照群

2 グループのアウトカム指標の
平均の差が処置の効果

象となる患者をくじ引きでランダムに 2 つにわけ，処置群とよば
れる 1 つのグループには本当の薬を，対照群とよばれるもう 1 つ
のグループには偽薬（プラセボ）を投与します。このとき，患者自
身も治療する医者も，誰がどのグループに属しているかは知らされ
ない，ダブル・ブラインドとよばれる方法をとります。

　その上で，薬の投与後に処置群と対照群の健康状態などのアウト
カム（成果）を，処置群と対照群で比較します。この 2 つのグル
ープの差の平均値は，本当の薬を投与されないときと投与されたと
きのアウトカムの平均的な違いですから，これによって薬の平均的
な効果が推計できるわけです。したがって，このような手法で，薬
が健康状態に及ぼす因果関係が明確に推計できます。

　しかし，経済学，もしくは政治学などを含めた社会科学の実証研
究では，このような実験をするのが困難です。前節の 2 つの例でも，
ある国の輸出を実験的に増やしてそれがその国の GDP にどのよう
な効果があるか，ある人を実験的に大学に行かせて卒業後の賃金に
どのような効果があるのかを検証することは簡単ではありません。

　とは言え，1990 年代からは経済学，特に開発経済学の分野で，
このような RCT によって政策や施策などの効果を測るための実験
が活発に行われるようになってきました。例えば，ケニアで行われ
た RCT では，対象地域の小学校をランダムに 2 グループにわけて，
処置群の児童には虫下し薬を投与しました[1]。その結果，処置群の
児童は対照群の児童とくらべて，下痢をしにくく，そのために学校

への出席率も高いことがわかりました。

　もし虫下し薬がランダムに決められた対象者に投与されたのではなく，薬を欲しがる家庭に配ったらどうなるでしょうか。その場合には，薬を欲しがる家庭の児童は慢性の下痢に悩まされていて，薬を欲しがらなかった家庭の児童よりももともと健康状態が悪い傾向があるかもしれません。すると，虫下し薬の効果があったとしても，もともと健康状態が悪く薬を投与された児童と，もともと比較的健康で薬を投与されなかった児童とでは，薬の配布後の健康状態にそれほど差がないことになってしまいます。それでは，虫下し薬の投与の効果は正しく推計できません。しかし，RCT ではこのような問題はありませんから，虫下し薬投与の効果が正しく推計できるのです。

　また，開発途上国では，貧困のために児童が働かざるをえず，学校に行けないという問題があります。それを解消する方法として，児童が学校に出席していることを条件として母親に現金を配布する条件付き現金給付という政策が考案されました。この政策は 1990 年代後半にメキシコで始まりましたが，約 500 村を対象とした大規模な RCT で，小学校への在学率に対する効果が認められました[2]。そのため，この政策はラテンアメリカ諸国をはじめ多くの開発途上国で実施されるようになっています。

　開発途上国だけではありません。日本でも政策評価のために多くの RCT が行われるようになっています。例えば，環境省が行った RCT では，各世帯に電力使用量のデータを用いてランダムに様々なメッセージを送付し，省エネに対する効果を検証しています。特に，他世帯とのエネルギー消費量の比較を示したメッセージを送付した場合には，省エネ効果が高かったことがわかっています[3]。これは，第 9 章の第 9.6 節（188 ページ）で説明したナッジの効果を RCT によって検証したものです。

　このように，近年では，政策の効果を測るのに RCT もしくはそれに準ずる手法を使うことが増えています。それによって，どのよ

1　Miguel, E., and Kremer M.（2004）, Worms: Identifying Impacts on Education and Health in the Presence of Treatment Externalities. *Econometrica*, 72, 159-217.

2　Schultz, P. T.（2004）, School Subsidies for the Poor: Evaluating the "Mexican" "PROGRESA" Poverty Program. *Journal of Development Economics*, 74, 199-250.

3　環境省（2019）．環境省ナッジ事業の初年度の成果．
https://www.env.go.jp/content/900447836.pdf

うな政策をすべきかどうかが判断されているのです。これを，エビデンス（証左）に基づく政策立案（evidence-based policy making を略して EBPM）といいます。

　政策の効果だけではありません。例えば，**第 7 章の第 7.2 節**（128 ページ）では輸出をすることで企業は新しい知識を得て生産性を上げることができると述べましたが，それを検証する実験も行われています。その研究では，エジプトの零細な絨毯製造業者を対象に，ランダムに選ばれた業者にはアメリカの輸入業者からの注文を受けられるようにしました。その結果，選ばれた業者は輸出量を増やし，しかも製品の質を上げていたことがわかりました[4]。

　このように，今では自然科学の分野だけではなく，社会科学の分野でも実験によって因果関係を識別することが多く行われています。これは経済学にとって革命的な出来事であり，この「革命」を主導したアビジット・バナジー，エスター・デュフロ，マイケル・クレマーは，その功績により 2019 年にノーベル経済学賞を受賞しています。

　さらに，RCT は **AB** テストとよばれて，ビジネス界でも大いに利用されています。例えば，インターネット上にどのような広告の出し方をすればクリックしてもらえるのか，商品を買ってもらえるのかなどを検証するための RCT が，我々利用者の知らないうちに大規模に頻繁に実施されています。そのために，大手 IT 関連企業はこういった手法に精通している経済学の博士号取得者をたくさん雇うようにもなっています。

11.4　実験によらない因果関係の識別

　とは言え，社会科学の分野では実験ができないこともたくさんあります。重要なマクロ経済政策である財政政策や金融政策（**第 5・6 章**）や幼稚産業保護政策（**第 7 章第 7.5.2 節**（141 ページ））を，ランダムに国を割り振って実施させることはほとんど不可能です。高速道路や空港などの大規模なインフラにどのくらいの経済効果があ

4　Atkin, D., Khandelwal A. K., and Osman A.（2017）, Exporting and firm performance: evidence from a randomized experiment. *The Quarterly Journal of Economics*, 132, 551–615.

るかは，国民の重要な関心事ですが，ランダムに地域を割り振って大規模インフラを行うことも，政治的な理由から難しいでしょう。

● 差分の差分法（DID）

ですので，計量経済学では，実験ができない状況でも政策の効果を推計する方法も開発されています。その１つは，差分の差分法（difference in differences を略して DID）とよばれる方法です。

DID について説明するために，今ある高校で，生徒の学力を引き上げるために特別の補習授業が行われたと考えましょう。この補習授業は希望者なら誰でも参加できます。つまり，補習授業の履修者はランダムには決まっていません。すると，補習授業を受けた生徒と受けなかった生徒とで，補習後の模試の成績の差があったとしても，それが補習授業の効果とは言えません。補習授業を受けた生徒はやる気があって，もともと成績がよかったかもしれないからです。

図 11-4 で，点 C は補習授業の履修者の補習授業前の模試の成績の平均点を，点 D は非履修者の平均を表していますが，C のほうが D よりも高くなっています。ですので，補習授業後の模試の成績の差 EG は，補習の効果だけではなく，もともとの差 CD も入ってしまっています。履修者と非履修者のもともとの差は補習授業前と後で変わらないとすると，補習の効果は EG から CD＝FG を引いた EF ということになります。このように，補習の効果を，２グループの補習前後の変化の差で測っているわけですから，差分の差

図 11-4　差分の差分法による推計

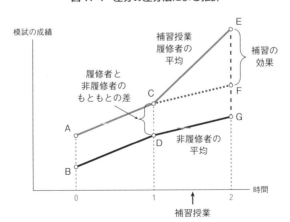

分法とよばれるのです。

　なお，DID 推定では，履修者と非履修者のもともとの差が補習授業前後で変わらない（CD＝FG）ということが大前提となっています。これを並行トレンドの仮定とよびます。補習授業の直前だけではなく，もう少し前のデータもあれば，もともとの差がずっと変わらなかった（AB＝CD）ことを確認することで，この仮定を確認することができます。

　また，図 11-4 から明らかなように，DID を行うためには，データが複数の時点で必要となります。このように，個人や企業，国などの主体を複数の時点で観察して得られたデータをパネルデータといいます。

● 操作変数法

　ただし，基本的には DID は，政策や施策があった場合となかった場合に 2 分化して，その効果をくらべるものです。ですから，例えば教育年数が賃金に及ぼす効果や，輸出額の対 GDP 比が 1 人あたり GDP に及ぼす効果など，連続的な値をとる変数の効果を推定することはできません。

　このようなときに，相関関係から因果関係を識別して推定する方法に，操作変数法や 2 段階最小 2 乗法（two-stage least squares を略して 2SLS）とよばれる手法などがあります。

　本書では，これらの手法を詳しく説明することはしませんが，教育年数が賃金に及ぼす効果を例にとって，簡単に直観的に説明しておきましょう。問題は，教育年数が RCT によってランダムに決められているのではなく，賃金に影響する他の要素（例えばもともとの能力）とも関連して，いわば内生的に決められていることです。

　ですから，賃金に影響する他の要素と無関係に，つまり外生的に教育年数が決められているように修正すればよいのです。そのために，例えば両親の教育年数や学校が近くにあるかなどの地理的要因などの，教育年数には関係しているけれども，賃金とは直接関係しないという変数を考えます。このような変数を操作変数といいます。操作変数を使って各々の人の教育年数を予測すれば，それはもともとの能力など賃金に影響する他の要素とは無関係に決まっていることになります。ですから，この予測値を使って賃金との関係を測れば，偏りのない推計ができるということになるのです。

操作変数を使った推定方法以外にも，内生性を修正してより偏りの少ない因果推論を行う方法として，パネルデータを使った固定効果分析，回帰不連続デザイン（regression discontinuity design を略して RDD）など様々な方法があります。本書では，これらの手法についても説明することはできませんが，興味のある方は章末の参考文献を読んでいただきたいと思います。

11.5　実証分析のためのデータ

社会科学の実証研究では，因果推論のための手法が発展するとともに，利用できるデータも急速に拡大しています。

古くから，国レベルなどに集計されたマクロデータは，比較的簡単に利用することができました。例えば，数十年にわたる世界各国のパネルデータは，世界銀行など国際機関によって整備されてウェブ上で公開されています。その代表的なものに，世界銀行の World Development Indicators をはじめとするデータベースがまとまった DataBank があります（https://databank.worldbank.org/home）。2国間の商品別の貿易額の詳細なデータベース UN Comtrade（https://comtradeplus.un.org/）などもあります。経済だけではなく，政治制度の指標，例えば民主政治や法の支配のレベルなどに関するデータも整備が進んでいます（例えば V-Dem（https://www.v-dem.net/））。

日本のデータについては，政府が各省庁のデータをまとめた e-Stat（https://www.e-stat.go.jp/）という膨大なデータベースのポータルサイトがあり，都道府県別，市町村別のマクロデータが得られます。

さらに，最近では個人や企業単位のミクロデータも公開されることが多くなっています。例えば世界銀行は，開発途上国を中心に数十年にわたって家計調査（各世帯に対する調査）や企業調査を行っていますが，調査対象者のプライバシーを確保した上で，その世帯レベル・企業レベルのデータを公開しています（https://microdata.worldbank.org/）。

残念ながら，日本では政府が収集したミクロデータは，基本的には非営利・学術的な研究を行う場合にのみ研究者に提供され，一般

的にはなかなか手に入れることができません。ただし，東京大学社会科学研究所附属社会調査・データアーカイブ研究センター，慶應義塾大学パネルデータ設計・解析センター，一橋大学経済研究所社会科学統計情報研究センターなどは，一定のルールの下で大学院生に対しても（場合によっては大学生にも）ミクロデータを提供しています。詳細なルールは各機関のウェブサイトを確認してください。

　また，大学によっては，大規模な企業データをライセンス契約していて，所属学生・院生が使えることも多くあります。例えば筆者の勤務する早稲田大学では，世界の上場企業をカバーする Osiris や日本の企業に関する日経 NEEDS などの企業データが利用可能です。

　さらに，いわゆるビッグデータを使った実証分析も進んでいます。ビッグデータとは，例えば Amazon などのオンラインショッピングのサイトで記録される閲覧や購買の情報，POS データとよばれる小売店で QR コードの読み取りで逐次記録される販売情報，スマートフォンに記録される人の移動のデータなど，常時収集されている膨大なデータを指します。これらのビッグデータは，学術研究の場でもマーケティングなどビジネスの場でも活用されています。

　なお，ビッグデータは一般的にはなかなか手に入りませんが，X（旧 Twitter）などの SNS（ソーシャル・ネットワーク・サービス）の投稿やフォロワーなどの情報は，一定の規約の下では一般にも手に入れることができ，例えばある特定の投稿がどのような要因で拡散されていくかについて分析を行うことができます。

　最後に，地理情報システム（geographic information system を略して GIS）とよばれる分析に利用される地理情報を紹介します。GIS は，地形のデータに加えて，様々な施設の所在や，1km 四方といった細かな単位での人口や経済状況を地図上に落とし込むことで，地理的な要因を視覚的・定量的に分析する手法です。例えば，地形図や道路図に特定の経済施設を書き込むことで，地理的要素が経済活動に及ぼす効果を視覚的に示すことができます。

　地理情報として，衛星画像のデータを利用することもできます。例えば，夜間の衛星画像を使えば，各地点の光の量によって経済活動の活発さを推計することができます。途上国の農村や紛争地域など，経済状況の調査を行うことが難しい場合でも，衛星画像を使えば細かな地域単位の経済状況がわかるのです。それによって，例えば道路整備や紛争の効果を推計することができます。

このように，社会科学の分野で利用できるデータは，量的にも質的にも大きな発展を遂げています。読者の皆さんが，このようなデータを利用して実際に実証分析をされることを期待しています。

11.6　計量経済学のツール

11.6.1　最小 2 乗法

回帰分析において最も基本的な推定方法が，第 **11.1** 節で紹介した最小2乗法（OLS）です。その手法を詳しく説明するために，第 **11.1** 節では輸出額の対 GDP 比と 1 人あたり GDP の関係を表した 1 次関数を，より一般的に説明変数 x と被説明変数 y の関係として，

$$y=a+bx+e$$

と書き直しましょう。ここでは新しく e が含まれています。この e は誤差項とよばれるもので，被説明変数のうち説明変数では説明できない要因で決まっている部分を指します。

例えば，図 **11-5** は図 **11-1** で見た輸出額（対 GDP 比）と 1 人あたり GDP との関係を表した散布図です。この図で，右上端の点で表されている A 国は，OLS で推計された $a+bx$ の線よりも上にあります。つまり，A 国の 1 人あたり GDP は，何らかの理由で輸出

図 **11-5**　輸出額と 1 人あたり **GDP** の関係に見る誤差項

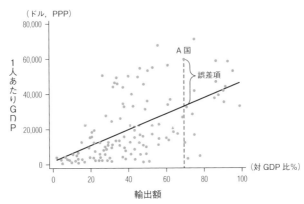

出所：世界銀行，World Development Indicators

額で説明できる値より大きくなっています。その差の部分，つまり図11-5では線と各点との垂直距離が誤差項です。

OLS では，この誤差項は平均が 0 でランダムに決まっていると仮定します。その上で，全ての国（もしくは個人レベルデータの場合には全ての個人，企業レベルデータの場合には全ての企業）について誤差項を 2 乗して足し合わせたものが最小になるように，a と b の値を推定するのです。

誤差項が大きいほど，つまり線と各点との垂直距離が大きいほど，2 乗したものは加速度的に大きくなっていきます。ですから，誤差項の 2 乗の和が最小になるというのは，各点の中ほどを通るように直線を当てはめてみるということになるのです。

11.6.2　内　生　性

前節では，誤差項はランダムに決まっているとしました。しかし，そうではないこともあります。

例えば第 11.2 節では，賃金を決める要因として，教育以外にももともと持っている能力があるものの，能力を表す変数が欠落してしまうことが多いと述べました。その場合には，実は能力によって決まる賃金は，誤差項に含まれてしまっています。しかも，もともと持っている年数と教育年数とも関連するならば，教育年数と誤差項の間にも相関関係があり，誤差項はランダムには決まっていないということになります。

このように，説明変数と誤差項の間に相関関係があるときに内生性の問題が発生し，OLS 推定では偏りが生じてしまいます。欠落変数だけではなく，逆因果関係や同時決定性の問題がある場合にも，同じように説明変数と誤差項との間に相関関係が生じます。このような場合には，DID や操作変数を使った推定で，内生性による偏りを修正する必要があります。

《本章で学んだ経済学のツール》

回帰分析：2 つ以上の変数の相関関係を定量的に示すための手法。最小 2 乗法を使うのが基本。

因果推論：相関関係ではなく，原因と結果が明確な因果関係を定量的に示すこと。無作為化比較試験，差分の差分法，操作変数法などの手法を利用する。

内生性：逆因果関係，同時決定性，欠落変数の問題によって生じ，この場合には相関関係が必ずしも因果関係を表すわけではなく，因果推論のために上述の方法を用いる必要がある。社会科学の定量分析のほとんどの場合には，この内生性が問題となる。

より深い理解のための参考文献

【教科書（初級～中級）】

● 山本拓（2022），『計量経済学［第2版］』，新世社
わかりやすい入門書。2022年に改訂されて，新しい手法についても解説されている。

● 星野匡郎，田中久稔，北川梨津（2023），『Rによる実証分析［第2版］』，オーム社
理論だけではなく，Rというプログラム言語を使った分析手法にも詳しく，実際の分析が学べる。

● 大塚啓二郎，黒崎卓，澤田康幸，園部哲史編著（2023），『次世代の実証経済学』，日本評論社
最近の実証研究の手法の発展を，経済学の分野ごとに紹介しつつ，今後の展望についても述べている。筆者もそのうちの1章を担当。

【一般書】

● 伊藤公一朗（2017），『データ分析の力－因果関係に迫る思考方法－』，光文社
因果推論の理論と実践について，一般向けにわかりやすく書かれた本。

● 大竹文雄，内山融，小林庸平編著（2022），『EBPM－エビデンスに基づく政策形成の導入と実践－』，日本経済新聞出版
EBPM（エビデンスに基づく政策立案）を実践する研究者によるわかりやすい概説書。

おわりに

　これまで 11 章にわたって，様々な角度から経済学を解説し，経済学に基づいて日本経済や世界経済に対する処方箋を提示してきました。ただ，読者の皆さんは「それはそうかもしれないが，それだけで日本経済の停滞や所得格差の問題（などなど）は解決しないだろう」と思われたかもしれません。それは正解です。この本で説明できたのはあくまでも入門レベルのことであり，残念ながらその範囲で経済学が提示できる処方箋は限られています。もし，この本に書かれていることに興味が持てたら，ぜひさらに経済学を学んで，より現実に応用できる考え方や手法を身につけていっていただきたいと思います。

　筆者は，これまで研究成果を基に日本経済について一般向けの書籍や新聞・雑誌記事を書き，様々に提言を行ってきたつもりです[1]。しかし，30 年の長期にわたる経済停滞や，それに続くコロナ禍や米中対立への対応を見て，日本経済の行く末に悲観的になるところがありました。

　ところが，日々の授業で学生と接する中で，若い人たちの元気とやる気，そして社会に対して貢献しようという気持ちがより強くなってきているのを感じています。ですから，自分自身も悲観的にならず，彼らの成長に対して力にならなければと強く思うようになりました。

　そんな中で，新世社編集部の御園生晴彦さんから，経済学の入門書を書いてみないかとのご提案をいただきました。そのありがたいご提案を受けて，この機会に若い人々に経済学の考え方を伝えたい，経済学を使って，日本を，そして世界をよくしてもらいたいという気持ちから，この本を書かせてもらいました。1 人でも多くの方が，

1　戸堂康之（2010），『途上国化する日本』，日本経済新聞出版社。戸堂康之（2011），『日本経済の底力 － 臥龍が目覚めるとき － 』，中央公論新社。戸堂康之（2020）『なぜ「よそ者」とのつながりが最強なのか － 生存戦略としてのネットワーク経済学入門 － 』，プレジデント社。

この本を契機に経済学を学び，自分のため，そして社会のために応用してもらうことを願っています。

　この場をお借りして，御園生さんには『開発経済学入門』に引き続き執筆をご提案いただいた上，原稿執筆の過程で数多くの有用なコメントをいただいたことに，また新世社編集部の谷口雅彦さんには編集作業を担当していただき，ていねいに校正いただいたことに，篤く御礼申し上げます。また，この本の草稿に対して，早稲田大学の基礎ゼミ，ゼミの学生からもたくさんのコメントをもらいました。学生ならではの視点は，この本を読みやすくするために大いに役立ちました。安戸乃彩さん，五十嵐詩帆さん，横山華怜さんに心から感謝します。また，直接コメントをもらったわけではありませんが，元気を与えてくれた戸堂ゼミの現役生と卒業生のみなさん，そしてTDF のみなさん，本当にありがとうございました。

　　2023 年 9 月

　　　　　　　　　　　　　　　　　　　　戸堂　康之

索　引

索
引

著者紹介

戸堂　康之（とどう　やすゆき）

1967 年　大阪府高石市生まれ
1991 年　東京大学教養学部卒業
2000 年　スタンフォード大学経済学部博士課程修了
　　　　　（経済学 Ph.D.）
2000 年-2001 年　南イリノイ大学経済学部助教授
2001 年-2005 年　東京都立大学経済学部講師・助教授
2005 年-2007 年　青山学院大学国際政治経済学部助教授
2007 年-2014 年　東京大学新領域創成科学研究科国際協力学専攻准教
　　　　　　　　　授・教授・専攻長
2014 年-現　　在　早稲田大学政治経済学術院経済学研究科教授

　　　　主要著書
『開発経済学入門［第 2 版]』，新世社，2021 年 3 月。
『なぜよそ者とのつながりが最強なのか－生存戦略としてのネットワーク経
　　済学入門－』，プレジデント社，2020 年 11 月。
『日本経済の底力－臥龍が目覚めるとき－』，中央公論新社，2011 年 8 月。
『途上国化する日本』，日本経済新聞出版社，2010 年 12 月。
『技術伝播と経済成長－グローバル化時代の途上国経済分析－』，勁草書房，
　　2008 年 5 月。
その他，査読付英文学術誌掲載論文約 70 本を含む 100 本以上の論文を執筆。

経済学講義 Introductory

経済学ってなんだろう
—現実の社会問題から学ぶ経済学入門—

2023年 12月 10日 © 初版発行

著者	片瀬雄之
発行者	森平敏孝
印刷者	加藤文明

【発行】　株式会社　新世社
〒151-0051　東京都渋谷区千駄ヶ谷1丁目3番25号
編集☎(03)5474-8818(代)　　サイエンスビル

【発売】　株式会社　サイエンス社
〒151-0051　東京都渋谷区千駄ヶ谷1丁目3番25号
営業☎(03)5474-8500(代)　振替　00170-7-2387
FAX☎(03)5474-8900

印刷・製本　(株)加藤文明社

ISBN978-4-88384-376-3
PRINTED IN JAPAN

サイエンス社・新世社のホームページのご案内
https://www.saiensu.co.jp
ご意見・ご要望は
shin@saiensu.co.jp まで。

経済学叢書 Introductory

開発経済学入門
第2版

戸堂康之 著

A5判／320頁／本体2,600円（税抜き）

開発途上国が経済的に発展するメカニズムやそのために必要な政策について，経済学の専門的な知識がなくとも読みこなせるよう，わかりやすく解説した好評入門書の最新版。統計データをアップデートし，RCTの研究紹介を拡充して，最新の途上国経済の状況と学術研究の流れを踏まえた内容とした。経済学を専攻する学生はもちろん，途上国開発の現場で働く援助機関やNGOの実務家の方などにもおすすめの一冊。2色刷。

【主要目次】

1　経済成長論の基礎　　開発途上国の経済発展／新古典派経済成長論／内生的経済成長論／貧困の罠／中所得国の罠

2　経済発展の諸要因　　国際貿易・海外直接投資／産業集積／社会関係資本・社会ネットワーク／社会・経済制度／経済発展の政治経済学／農村開発／農村金融／経済協力

発行　新世社　　　　発売　サイエンス社